따라 하는 기도 2

따라 하는 것만으로도 기도가 되고 인생의 문이 열린다

따라 하는 기도 2

장재기 지음

규장

내 인생을 바꾼 기도가
이제 당신의 인생을 바꿉니다

2019년, 지난 20년의 교회 사역을 마무리하면서 새로운 20년을 위해 쉼의 시간이 필요하다고 느꼈습니다. 아무 계획 없이 안식년을 갖기로 하고, 1년간 건강을 돌보고 그동안 부족했던 남편과 아빠로서 시간을 보냈습니다. 그리고 2020년의 사역을 결정해야 하는 시기, 교회 청빙에 대한 추천이 있었지만 기도 가운데 하나님의 음성이 들리지 않아 다시 기도해야 했습니다.

"가정의 재정적인 이유 때문에 사역지를 급하게 결정하지 않았으면 좋겠어요. 저는 당신이 하나님께서 말씀하시는 곳에서 기쁘게 사역했으면 좋겠어요."

아내의 제안에 다시 1년을 기도하며 하나님의 인도하심을 기다리기로 했습니다. 모든 상황을 열어놓고 하나님의 인도하심을 기다리던 중 규장의 대표님을 만나게 되었는데 대표님이 이렇게 말씀하셨습니다.

4

"목사님, 지금 하나님께서 이 사역으로 인도하셨는데 왜 딴생각을 하세요. 지금 유튜브 사역은 너무 중요한 사역의 장입니다. 이것을 그냥 하시면 안 되고 사역처럼 하셔야 해요."

집에 돌아와서도 그 말씀이 계속 머릿속을 맴돌면서 지난 몇 개월의 시간이 해석되었습니다.

"아, 하나님께서 이 사역을 하게 하시려고 다른 길들을 막으셨구나."

그 음성을 하나님의 음성으로 들으며 지난 1년간 〈따라 하는 기도〉를 사역처럼 했습니다. 한 편의 기도문을 쓰기 위해 최소한 20시간 이상을 기도하며 준비했습니다. 그런데 놀랍게도, 성도님들에게 영적인 도움을 드리기 위해 기도문을 쓰면서 오히려 제가 기도의 은혜를 경험하게 되었습니다.

유튜브의 구독자가 늘어나면서 〈따라 하는 기도〉가 책으로도 나오게 되었고, 이 책이 많은 분에게 나누어지면서 규장출판사 상반기 베스트셀러 도서 부문 1위를 하게 되었습니다. 하나님은 또한 지난 3월부터 매주 설교할 수 있는 자리에 저를 세워주셨고, 가정의 경제적인 부분까지도 해결해주셨습니다. 저는 아내와 아들과 더 많은 시간을 함께 보내며 행복한 추억도 쌓을 수 있었고, 매일 가정 예배를 드리면서 예배를 통해 부어주시는 하나님의 놀라운 평안을 누리게 되었습니다. 건강도 많이 좋아졌습니다. 여전히 기도해야 할 일과 하나님의 도우심이 필요한 일들이 있지만, 매일 감사의 고백을 나누며 하루를 마무리하고 있습니다.

요즘 어떻게 지내냐는 질문을 받을 때마다 "재미있게 지내고 있습니다"라고 대답합니다. 정말 그렇습니다. 기도가 풍성해지자 사는 것이 재미있어졌습니다. 지금도 전혀 내일을 계획할 수 없는 삶이지만, 제 삶을 인도해가시는 하나님으로 인해 내일이 기대됩니다. 기도를 돕기 위해 기도했는데 그 기도까지 하나님께서 들으신 것이지요. 기도가 제 인생을 바꿨습니다.

그뿐만이 아닙니다. 하나님께서는 보이지 않는 곳에서도 기도를 통해 수많은 일을 하셨습니다. 그 가운데 〈따라 하는 기도〉를 통해 인생이 바뀐 분들의 이야기를 일부 소개하려 합니다. 하나님께서 행하신 놀라운 일들이기에 읽기만 해도 눈물이 나고 감격이 됩니다.

하*

아무에게도 도움과 위로를 받을 수 없고 홀로 고독한 광야길 걸을 때 목사님의 기도문을 읽을 수 있었고 불면으로 잠 못 이룰 때 목사님의 기도 소리 들으며 눈물로 잠들었던 은혜가 있었습니다! 광야 이스라엘 백성을 만나와 메추라기로 먹이셨던 주님, 택하신 주의 백성을 결코 홀로 내버려 두지 않으시고 주의 종들을 통해 영의 말씀을 먹이시며 키우시는 주님을 뵙니다! 목사님! 감사합니다!

황** (5월에 사촌동생의 자궁암 치유를 위해 기도 요청)

… 4월 말 자궁암 3기였는데, 8월 26일 마지막 검사에 암세포가 보이지 않는다는 기적적인 소식을 들었었죠. 할렐루야! 사랑의 하나님, 치유의 하나님, 긍휼의 하나님, 영혼과 인생을 살리시는 하나님을 저도 함께 경험할 수 있어서 얼마나 감사했는지 모릅니다. 특별히 《따라 하는 기도》로 제 동생의 마음이 하나님께 열리고 하나님만 의지하게 되었습니다. 《따라 하는 기도》가 너무 귀합니다. 믿는 사람들도 기도하기 힘든데, 초신자들은 얼마나 답답할까요. 귀한 기도를 만들어주셔서 감사합니다.

Dre*****

기도할 힘이 없을 때 영상 붙잡고 들리는 대로 소리를 내보고, 한글 파일로 글을 옮겨보면서 힘을 얻었어요. 너무 답답해서 숨쉬기 힘들 때 불안에 대한 기도를 보고 따라 하면서 평안을 되찾았습니다. 기도를 잘 하지 못하는 제게 큰 힘이 됩니다. 정말 감사드립니다!

여*

모태신앙인으로서 기도가 어렵기만 했어요. 이렇게 하면 안 된다 저렇게 하면 안 된다, 그런 말들 때문에요. 《따라 하는 기도》를 읽고 들으며 기도하고 있는데 기도가 이루어지는 역사도 일어났고 '아, 기도를 이런 맛에 하는구나!' 요즘 느끼고 있어요. 내일은 우울증이 심해 매일 울고 있다는 조카에게 성경책과 이 책도 들고 가서 전도할 생각입니다. 기도가 너무 쉬웠어요. 감사합니다.

오******

이 책을 일부러 아버지에게 사다 달라고 부탁드렸는데 평생을 교회를 싫어하고 비난하던 아버지가 이 책을 읽어보시더니 내용이 너무 좋다며 책에 푹 빠져 끝까지 다 읽고 주겠다고 하세요. 제 어머니는 아버지 몰래 교회 다니며 아버지의 핍박에 교회 얘긴 꺼내지도 못했는데 요즘 아버지가 변하고 있습니다. 부디 주님께서 만지시어 저희 아버지도 꼭 예수님 믿고 구원받기를 기도드립니다. 아멘.

김**

교회는 다니면서 믿음 생활은 많이 했지만 기도가 안 되고 속으로

만 간구하는 기도로 짧은 기도만 하고 있을 때, 유튜브에서 〈따라 하는 기도〉를 접하게 되어 내가 드리는 기도라 생각하며 매일 계속 따라 했어요. 눈 뜨면서 잠들 때까지 또 잠들어서 깰 때까지요. 가정을 위한 기도, 부부를 위한 기도, 자녀를 위한 축복 기도 등 매일 틈만 나면 목사님 기도를 따라 했어요.

그러던 중에 갑작스럽게 2020년 12월 제가 암 진단을 받았어요. 절박함 속에서 가족도 자식도 다 필요 없다는 생각이 들 때 '아, 내 옆에 주님이 계시지'라는 생각이 들었고 〈따라 하는 기도〉를 간절히, 기쁨과 간절함으로 따라 기도하던 중 수술 후 4일째 대학병원 입원 중에 살아계신 예수님을 만나고 다 치유 받았습니다.

암 요양병원에 입원하여 그곳에서 수많은 환자를 만났죠. 아파하는 환자에게나 불면증에 잠을 못 이루는 환자에게 "하나님께 도와달라 기도해요" 하면서 복음을 증거했어요. 기도 못 한다는 환자에게 "기도 쉽게 하는 법 알려드릴게요"라며 유튜브에서 목사님의 기도를 열어주고 "따라 해보세요. 마음에 평온이 올 거예요"라고 했어요.

〈따라 하는 기도〉를 시작한 후로 저는 11개월 동안 하루도 빠짐없이 간절한 소망으로 기도드리고 있어요. 지금도 제 상황에 맞는 기도 제목으로 따라 하면서 수많은 변화가 있어요. 암이 깨끗이 치유되었고, 믿음도 굳건히 성장하고, 자녀들이 하나님을 믿고 가족들도 하나님을 더 가까이해요. 매 순간 주님과 동행하며 제가 있는 이곳이 하늘나라같이 매일 기쁘고 즐겁고 행복합니다. 지금까지 지내

온 것 주님의 은혜입니다. 하나님이 하셨습니다. 주님 찬양합니다. 주님 사랑합니다.

채****

늘 생각과 고민이 많아서 기도의 자리로 나아가도 생각만 하다 끝나는 날이 참 많았습니다. 그런 생각과 고민은 심지어 근심, 염려, 미움, 걱정 등 성령의 열매, 말씀과는 정반대되는 것들이었어요. 그러다 보니 믿음은 점점 잃어갔고 입술로 선포할 힘이 나지 않았습니다. 이젠 다 과거 이야기지만요!

그럴 때 목사님의 〈따라 하는 기도〉 영상을 보며 '내 힘으로 할 수 없다면 저 영상 속 기도가 내 마음이다 생각하고 집중해서 있는 힘껏 마음으로 외쳐보자' 하고 날마다 시작했는데 어느샌가 입술로 고백하고 있었어요.

이젠 날마다 믿음을 선포하고 있고 《따라 하는 기도》의 도움을 받아 저 스스로 기도의 자리로 나아가 중언부언하지 않는 친밀한 교제를 해나가고 있습니다. '따라 선포하는 것에 큰 능력이 있구나!' 깨달은 뒤로 말씀도 소리 내서 읽게 됐어요!

박**

그 당시에 힘든 일이 참 많았는데 하나님께 저 좀 안 힘들게 해달라고 해결해달라고 울고 떼만 쓰다가 상황은 변하지 않아 지쳐있었어요. 기도에 변화가 필요했던 것 같아요. 근데 저는 기도 방법도 잘 모르니까 매일 울며 하나님께만 매달릴 수밖에 없었어요.

"하나님 저 사랑하시죠? 저 너무 힘들어요. 저 사랑하시면 제발 제 기도 좀 들어주세요. 죽고 싶단 말이에요."

이런 기도는 상황만 바라보게 될 뿐 하나님을 바라볼 순 없더라고요. 제힘만 다 빠져갔죠. ccm을 아무리 들어도 더 이상 힘이 안 날 때 이 기도 영상을 들으면서 다녔어요.

처음에는 문제해결만 바라고 기적이라는 키워드가 들어간 기도를 들었습니다.

"기적을 보여주실 하나님을 믿어요. 오늘 하루를 주신 주님께 감사합니다."

마음에 평안이 조금씩 찾아오고 기도가 점점 긍정적으로 바뀌었습니다. 이제 기적 말고도 다른 키워드가 보여 하나하나 다 들어보았습니다. 들으면서 이 기도를 듣고 계실 하나님을 상상하며 따라 했어요. '이렇게 감사할 수도 있구나, 이런 간구 기도도 할 수 있구나, 이런 것까지 기도할 수 있구나' 하며 감동에 차오른 눈물이 마를 날이 없었습니다.

가끔 화가 나고 우울하고 외로울 때면 제 감정 상태에 맞게 〈따라하는 기도〉를 올렸고요. 그렇게 하면서 제 마음이 많이 좋아졌어요.

"저와 함께해주시고 옳은 길로 인도해주시는 하나님께 감사합니다. 이 슬픔과 고난은 너무나도 고통스럽지만, 이것들이 하나님을 찾을 수 있는 계기가 된다면 전 좋아요."

이렇게 고난 중에 함께하시는 하나님을, 은혜를 풍성하게 주시는 하나님을 느끼고 언제나 하나님과 함께하고 싶었어요.

그런데 이렇게 하다 보니 감정만 푸는 기도가 되는 것 같아서 외면하고 있었던 회개기도 영상을 마지막으로 들어봤네요. 제가 죄인이라는 게 싫어서 미루고 미루다가 들었습니다. 들어보니 알면서 지은 죄도 있지만 모르고 지었던 죄가 훨씬 많았어요. 과거를 생각해보니 제가 기도를 거꾸로 한 것 같았어요.

"주님, 저는 죄인입니다. 저의 죄 때문에 주님께서 십자가에 못 박혀 죽으셨습니다. 저를 사랑하셔서 생명을 내어주셨습니다. 눈앞에 좋은 일이 생겨야만 은혜라고 생각했으나 주님께서 보여주신 십자가 사랑만으로 저는 이미 받을 은혜를 다 받았음을 깨닫습니다. 이 죄인을 사망에서 건져주셔서 감사합니다. 주를 위해 살겠습니다."

이렇게 기도는 점점 바뀌어갔고 지금도 바뀌고 있습니다. 회개해야만 복음에 기초한 기도를 할 수 있네요. 여러 기도 중에서도 회개기도가 제일 좋았습니다. 저의 죄를 나열하는 그 영상이 싫고 부끄러웠지만 그래도 두 번, 세 번 더 들었습니다. 저는 여전히 죄를 짓는 죄인이지만 기도하며 하나님 마음에 합한 자가 될 거예요.

《따라 하는 기도》 1권에서 갓난아이는 먼저 구하는 것부터 시작한다고 마음껏 구해도 된다고 적혀 있어서 마음 놓고 기도도 해봤어요. 어린아이와 같은 마음으로 기도를 시작하니 주님이 정말 아버지 같고 친근해져서 기도하는 때가 더 많아졌습니다. 정말 하루하루가 죽고 싶었던 나날들이었는데 하나님께서 《따라 하는 기도》를 통해 역사하셔서 저를 구해주셨습니다.

기도가 시작되면 인생이 바뀌기 시작합니다. 절망에 사로잡힌 이들이 희망을 노래하고, 눈물의 골짜기를 지나던 이들이 기쁨의 날을 맞이하고, 꿈꿀 수 없었던 이들이 꿈을 꾸게 됩니다. 인생의 캄캄한 밤, 어둠을 밝힌 것은 언제나 기도였습니다. 기도의 문이 열리기 시작하자 마음의 문이 열리고, 하늘 문이 열리고, 마침내 삶의 문이 열렸습니다. 기도의 문이 열리면 인생의 문도 열립니다.

지금은 닫힌 문을 바라보며 한숨지을 때가 아닙니다. 기도는 모든 닫힌 문을 열게 하는 능력입니다. 지금은 놓쳐버린 기회를 바라보며 후회할 때가 아닙니다. 기도는 새로운 기회를 오게 하는 능력입니다. 지금은 실패를 붙들고 주저앉아 있을 때가 아닙니다. 기도는 반전의 역사를 일으키는 능력입니다. 믿음의 기도만 시작된다면 눈물밖에 남지 않은 당신의 인생에도 기적이 일어납니다. 〈따라 하는 기도〉는 수많은 사람의 인생을 바꿔 놓았습니다. 당신의 삶을 바꾸고 싶다면 기도를 시작하십시오. 당신도 할 수 있습니다. 이 책이 당신의 기도를 도울 것입니다.

《따라 하는 기도 2》에는 총 31편의 기도문을 담겨 있어서 하루에 한 편씩 기도하면 한 달 동안 전체를 한 번 기도할 수 있습니다. 앉은자리에서 한꺼번에 다 읽을 수 있고 그때그때 읽고 싶은 부분을 택하여 읽을 수도 있지만, 하루에 한 편씩 천천히 읽으며 책의 기도가 자신의 기도가 되게 하면 기도 생활이 더욱 풍성해질 것입니다.

특히 이번 2권에서는 매주 '풍성한 삶을 위한 기도', '건강한 마음을 위한 기도', '온전한 영적 승리를 위한 기도', '사랑하는 사람들을 위한 중보기도'라는 각각의 주제를 한 주 동안 기도할 수 있도록 4부로 구성했습니다. 눈에 보이는 일상의 삶을 위한 간구부터 내면세계를 위한 간구, 영적 세계에서의 승리를 위한 간구와 선포, 다른 사람을 위한 중보에 이르기까지, 이 책을 통해 기도의 지경이 넓어지고 기도의 삶이 한층 더 업그레이드될 것입니다.

마음에 와닿는 기도는 반복해서 읽으시고, 울림이 있는 문장은 외워서 기도해보십시오. 책 내용이 자신의 기도가 될 때까지 반복해서 기도하다 보면 진지한 회개가 시작되고, 위에서부터 부어주시는 성령의 기름 부음을 경험하게 될 것입니다. 하나님께서 행하시는 놀라운 일을 바라보는 영적인 눈이 열리게 되고, 말로 형용할 수 없는 소망을 갖게 될 것입니다. 죽어있던 기도가 살아나는 것을 보게 될 것입니다. 제가 이 일의 증인입니다.

제 인생을 바꾼 기도가 수많은 사람의 인생을 바꾸었습니다. 이제 당신의 인생 또한 바꿀 것입니다. 이 책이 당신의 영혼에 기도의 불을 붙이는 영적인 불쏘시개가 되기를 간절히 소망하며 당신을 축복합니다.

기도의 동역자
장재기 목사

첫째 주에는 우리 삶의 구체적인 필요들을 위해 기도할 것입니다. 예수님은 우리에게 영원한 삶뿐만 아니라 풍성한 삶을 주시기 위해 (요 10:10) 이 땅에 오셨습니다. 그 주님께 우리 마음의 소원을 아뢰고, 우리 삶의 필요들을 구하는 것이지요. 하나님은 누구보다도 우리가 건강하고 행복하게 살기 원하시는 분입니다. 그 하나님께 우리의 풍성한 삶을 위해 마음껏 기도합시다.

풍성한
삶을 위한
기도

소원을 이루는 기도

소원을 이루는 기도

어두운 우리의 삶에 빛을 비춰주시고
닫혀 있던 영의 눈을 열어주신 주님,
주님을 경배합니다.
이 시간 주님의 임재 안에 거할 때
하나님의 위엄이 느껴지게 하시고
주님의 따스한 손길과 평화로운 숨결이
느껴지게 해주시옵소서.
기도하는 동안 사랑하는 주님의 품에 안겨
진정한 소망을 얻게 해주시옵소서.

아버지 하나님,
이 시간 아버지의 사랑을 받아들입니다.

아버지의 은혜를 받아들입니다.

아버지의 용서하심과 도우심을 받아들입니다.

제게는 아무 자격도 없고 아무 공로도 없지만

예수님이 십자가로 제게 자격을 주셨습니다.

이제 저의 노력으로 살지 않겠습니다.

예수님의 공로를 붙들고 살아가겠습니다.

주님,

저는 참 부족함이 많은 사람이지만,

하나님의 복을 받은 사람입니다.

제가 연약한 것이 사실이지만,

저는 특별한 은혜를 받은 사람입니다.

제가 죄인인 것이 사실이지만,

제가 용서받은 것도 사실입니다.

주님,

저는 부족하고 연약하며 완벽하지 않지만,

하나님은 실수가 없으신 분이십니다.

하나님께서 저를 이렇게 지으신 데는

분명한 목적이 있으시고,

저는 하나님의 목적을 이루기에

가장 완벽하게 지어졌음을 믿습니다.

사명을 이루고 꿈을 이루기에 부족함이 없습니다.

하나님의 놀라운 계획이 이루어지기에

전혀 부족함이 없음을 믿음으로 고백합니다.

능력을 탓하지 않겠습니다.

재능을 탓하지 않겠습니다.

저를 지으신 주님을 신뢰하며 믿음으로 나아가겠습니다.

너희 안에서 행하시는 이는 하나님이시니

자기의 기쁘신 뜻을 위하여

너희에게 소원을 두고 행하게 하시나니 빌 2:13

사랑하는 주님,

제 안에 하나님께서 품게 하신

거룩한 꿈과 소원이 있습니다.

반드시 이루고 싶은 일이 있습니다.

가고 싶은 길이고, 해야 할 일입니다.

오랜 시간이 흘렀지만

단 한 순간도 잊은 적이 없는 꿈입니다.

언제나 마음 깊은 곳에 새겨져 있었던 꿈입니다.

간절하게 바랐던 소원이고

소중하게 간직해온 사명입니다.

여전히 저를 흔들어 깨어나게 하는 꿈이고

제 몸의 세포 하나하나가 기억하고 있는 사명입니다.

식지 않는 열망이고, 열정을 불타오르게 하는 바람입니다.

이제 이 소원이 이루어지게 될 줄 믿습니다.

우리 눈에 더디 보일지라도

하나님께서 품게 하신 꿈과 계획은 반드시 이루어집니다.

우리에게 주신 하나님의 소원은 반드시 이루어집니다.

제가 넘어져 있을 때도

저를 향한 하나님의 계획은

결코 취소되지 않았음을 믿습니다.

하나님의 놀라운 계획은 여전히 진행되고 있음을 믿습니다.

내가 진실로 너희에게 이르노니

누구든지 이 산더러 들리어 바다에 던져지라 하며

그 말하는 것이 이루어질 줄 믿고

마음에 의심하지 아니하면 그대로 되리라 막 11:23

전능하신 주님,

주님 앞에서는 높은 산도 평지가 될 것입니다.

주님께서 이루어주신다는 강력한 믿음으로

주님을 의지합니다.

지금 하나님께서 일하심을 믿습니다.

쉬지 않고 일하심을 믿습니다.

하나님께서 최선을 다하고 계심을 믿습니다.

하나님께서 허락하신 이 꿈을

하나님께서 이루어주실 줄 믿습니다.

반드시 이루어질 것입니다.

하나님께서 이루실 것입니다.

저의 능력과 상관없이 하나님께서 이루실 것입니다.

저의 재능과 상관없이 하나님께서 이루실 것입니다.

환경이나 상황과 상관없이 이제 이루어질 것입니다.

주님께서 이루실 것을 믿음으로 바라봅니다.

꿈꾸던 일들과 바라던 삶이 현실이 될 것을 믿습니다.

마음 깊은 곳에서 강렬하게 열망하는 소원이

이제 이루어지게 될 것을 믿습니다.

꿈에 한 걸음 더 다가가게 되었고

그날이 제게 한 걸음 더 다가왔음을 믿습니다.

우리가 알거니와 하나님을 사랑하는 자

곧 그의 뜻대로 부르심을 입은 자들에게는

모든 것이 합력하여 선을 이루느니라 롬 8:28

이해할 수 없는 상황에서도 하나님을 신뢰하며 나아갑니다.

제가 실수했을지라도 하나님의 계획은 실패할 수 없습니다.

하나님께 실패란 있을 수 없습니다.

누구도 하나님의 일하심을 방해할 수 없고,

저의 약함조차도 하나님의 역사를 멈추게 할 수 없습니다.

우리 하나님께 이루지 못할 일은 없습니다.

하나님은 모든 것이 가능하십니다.

주님,

저의 연약함과 부족함과 실수를 붙들고 사는 것이 아니라

하나님의 크심과 하나님의 도우심과 하나님의 사랑하심을

붙들고 살겠습니다.

지난날 하나님께서 저에게 행하신 놀라운 일들이 기억나고,

제 삶 가운데 행하신 놀라운 은혜가 생각나게 해주시옵소서.

저는 부족한 부분도 있지만,

하나님께서 주신 강점 또한

분명히 제 안에 있음을 기억하며

기도로 잠재력을 펼쳐내게 해주시옵소서.

꿈을 이루기 위해 견뎌낼 힘과

모든 장애물을 넘어설 능력이

제 안에 있음을 기억하며 살게 해주시옵소서.

주님의 권능이 제 능력이 되었음을 믿고

나아가게 해주시옵소서.

주님,

이 시간 하나님의 불을 내려주셔서

저의 모든 부정적인 생각을 태워주시옵소서.

실패한 기억과 안 된다는 생각을 태워주시옵소서.

저를 파괴하는 생각을 멈추고

저를 주저앉게 만드는 생각을 멈추고

이제 저를 일으키시는 하나님을 바라보게 해주시옵소서.

모든 것을 사용하셔서 반전을 일으키시는

하나님을 바라보게 해주시옵소서.

모든 것을 가능케 하시는 하나님을 의지하게 해주시옵소서.

우리의 모든 소원을 이루시는

예수님의 이름으로 기도드립니다. 아멘.

행복한 삶을 위한 기도

이 날은 여호와께서 정하신 것이라

이 날에 우리가 즐거워하고 기뻐하리로다 시 118:24

주님, 이 놀라운 하루를 허락하셔서 감사합니다.

주님께서 허락하신 이 좋은 하루를

더 많이 웃고, 더 자주 감사하겠습니다.

기쁨으로 가득 채우겠습니다.

평안을 누리고 행복을 선택하겠습니다.

주님, 제가 행복해야 할 이유는 이미 충분합니다.

죄인인 제가 하나님의 자녀가 되었습니다.

우주를 창조하신 하나님이 저의 아버지이십니다.

그 주님께서 오늘도 저와 동행하십니다.

이보다 더 기쁘고, 이보다 제 가슴을 뛰게 하는 일이
무엇이겠습니까.

아무런 자격도 없는 저를 어떠한 조건도 없이 사랑하신
하나님의 사랑이 오늘도 제 마음을 벅차오르게 합니다.

주님, 제 삶에 당연한 것은 아무것도 없습니다.

오늘도 살아 숨 쉴 수 있다는 것이 기적 같은 일입니다.

모든 것이 하나님의 특별한 선물입니다.

돌이켜 보면 그동안 행복하지 못했던 것은

행복할 일이 없어서가 아니라

행복을 선택하지 않았던 저 자신 때문이었습니다.

어쩌면 그렇게도 잘못된 부분을 잘 찾아내는지요!

있는 것보다 없는 것만 생각하고

잘된 일보다 안 된 일을 곱씹고

고마운 사람보다 힘들게 했던 사람을 떠올리면서

제 삶을 불행하게 했습니다.

누구 때문이 아니라 바로 제가 한 것입니다.

주님, 더 이상 불행한 삶을 살고 싶지 않습니다.

짜증스러운 기운을 흘려보내며 살고 싶지 않습니다.

불행한 내일을 상상하며

우울하게 하루를 보내고 싶지 않습니다.

주변 사람들과 비교하며

비참한 마음으로 살고 싶지 않습니다.

주님, 더 이상 살던 대로 살지 않겠습니다.

행복한 삶을 위해 변화하겠습니다.

부정적인 생각을 그냥 내버려 두지 않겠습니다.

자연스럽게 올라오는 불평의 싹을 잘라내겠습니다.

누구에게도 저의 기쁨을 빼앗기지 않겠습니다.

더 많은 것을 얻기 위해 인생을 허비하는 것이 아니라

하나님의 축복을 하나하나 세어보며 감사하겠습니다.

하나님께서 허락하신 것을 잘 누리겠습니다.

아버지, 이제 사람들이 저를 대했던 방식으로

저를 대하지 않겠습니다.

누가 뭐라 해도 저는

하나님께서 지으신 소중한 존재입니다.

제 모습이 어떠하든 저는

하나님의 아들을 대신할 만큼 귀한 존재입니다.

주님께서 저를 사랑하셨듯이

이제 저 자신을 사랑하겠습니다.

사랑으로 저를 바라보겠습니다.

저부터 저 자신을 사랑으로 대하겠습니다.

사람들이 나를 어떻게 생각할까,

사람들이 나를 뭐라 할까,

더 이상 사람들의 시선이 두려워 사람들의 눈치 보면서

사람에게 끌려가는 삶을 살지 않겠습니다.

사람들에게 잘 보이고 사람들에게 인정받기 위해

하나님께서 지으신 진짜 내 모습을 숨긴 채

거짓된 모습으로 살아가지 않겠습니다.

사람들의 기대에 부응하기 위해

제게 주신 꿈과 열정을 무시하며 살지 않겠습니다.

더 이상 사람들의 평가에 매여 살지 않겠습니다.

사람들에게 더 잘 보이기 위해

없으면서 있는 척하지 않겠습니다.

모르면서 아는 척하지 않겠습니다.

못하면서 할 수 있는 척하지 않겠습니다.

다른 사람을 위한 들러리 인생이 아니라

하나님께서 지으신 진짜 내가 되어서

누구도 대신할 수 없는 나만의 삶을 살아가겠습니다.

있는 그대로의 나로 살아가겠습니다.

제가 기뻐할 때 영광 받으시는 주님,

이제 죄책감과 미안한 마음을 벗어버리고

마음껏 기뻐하고 즐거워하겠습니다.
그것이 하나님을 기쁘시게 하는 삶임을 믿습니다.

복 있는 사람은 악인들의 꾀를 따르지 아니하며
죄인들의 길에 서지 아니하며 오만한 자들의 자리에
앉지 아니하고 오직 여호와의 율법을 즐거워하여
그의 율법을 주야로 묵상하는도다
그는 시냇가에 심은 나무가 철을 따라 열매를 맺으며
그 잎사귀가 마르지 아니함 같으니
그가 하는 모든 일이 다 형통하리로다 시 1:1-3

하나님,
진정한 복은 더 많은 것을 소유하고 수단과 방법을
가리지 않고 더 크게 성공하는 것이 아닙니다.
자신의 유익을 위해 사람들을 이용해서 얻은 즐거움은
결코 오래갈 수 없습니다.
저는 주님 편에 서겠습니다.
주님의 말씀을 따라 살겠습니다.
그것이 사람들의 눈에 어리석게 보여도
주님께서 때가 되면 꽃도 피게 하시고
열매도 맺게 하시고 형통케 하실 것을 믿기에

저는 하나님의 방식으로 살아가겠습니다.

그렇게 얻은 성공이 진짜 성공이고,

그것이 참된 행복이고 진짜 잘 사는 것임을 믿습니다.

너희는 여호와의 선하심을 맛보아 알지어다

그에게 피하는 자는 복이 있도다 시 34:8

주님,

저는 일이 잘돼도 좋고, 일이 안 돼도 좋습니다.

일이 잘될 때는 잘되게 하시는 하나님이 계셔서 좋고

일이 안 될 때는 하나님께 피할 수 있어서 좋습니다.

일이 잘되든 안 되든

언제나 선하신 주님께서 함께하시는데 뭐가 걱정입니까.

크신 하나님을 의지할 수 있고

전능하신 하나님의 도움을 받을 수 있고

하나님의 사랑을 독차지하고 있는데

근심하고 걱정할 일이 뭐가 있겠습니까.

주님, 저는 언제나 좋습니다.

길이 없는 곳에도 길을 내시고

물이 없는 곳에도 물을 내시는

주님께서 함께 계시니 저는 행복한 사람입니다.

주님께서 하신 일을 바라보는 것만으로도
얼마나 좋은지 모릅니다.
주님께서 하신 일들을 생각하면 웃음이 절로 납니다.
이 기쁨을 감출 수 없습니다.
이 좋은 기분을 숨길 수 없습니다.
주님께서 제 슬픔을 기쁨으로 바꿔주시니
어깨춤이 절로 나오고 온종일 콧노래를 부릅니다.
어디 그뿐입니까.
주님을 기뻐했을 뿐인데 제 마음의 소원을 이루어주시고
주님을 기뻐했을 뿐인데 제 기도에 응답해주시니
이보다 행복한 삶이 어디 있겠습니까.
주님, 제 삶에 행복할 일이 얼마나 많은지 모릅니다.
창조주 하나님을 저의 하나님으로 고백할 수 있는 것보다
더 큰 복이 어디 있겠습니까.

주님,
주님을 떠나서는 복이 없습니다.
주님밖에는 복이 없습니다.
주님께서 저의 행복입니다.
예수님 안에 있으면 안 좋은 상황에서도
행복할 수 있다는 것이 너무 신비롭습니다.

조건과 상황을 뛰어넘는 이 신기한 기쁨을 누리게 해주셔서
주님, 감사합니다.
주님은 정말 놀라우신 분이십니다.

주님, 저는 저의 내일이 너무너무 기대됩니다.
저의 10년 후가 너무 기다려지고
하나님께서 제 삶을 어떻게 인도해 가실지 너무 설렙니다.
주님께서 함께하시기에 삶은 언제나 눈부시고
인생은 언제나 아름답습니다.
주님, 감사합니다.

제가 행복하기를 누구보다 원하시는
예수님의 이름으로 기도드립니다. 아멘.

형통한 삶을 위한 기도

형통한 삶

여호와께서 너희를 곧 너희와 너희의 자손을

더욱 번창하게 하시기를 원하노라

너희는 천지를 지으신 여호와께 복을 받는 자로다

시 115:14,15

믿음의 불모지에 있던 아브라함을

믿음의 조상으로 바꿔주신 하나님께서

저의 하나님이심을 믿습니다.

버림받고 팔려갔던 요셉을

총리가 되게 하신 하나님께서

거친 인생을 살아가는 저와도 함께하심을 믿습니다.

사막에 강을 내시고 광야에 길을 내시며
굽은 길을 곧게 하시고 거친 길을 평탄케 하시는
주님께서 저와 함께하시니
주님, 제게 거칠 것이 없고 두려울 것이 없습니다.
성령 하나님께서 제 뒤에서 큰바람을 일으키시고
저의 등 뒤에서 저를 밀어주시기에
이보다 더 좋을 수 없습니다.

"내가 너를 알아.
내가 네 마음을 알아.
내게 가장 소중한 것은 바로 너야.
내게 가장 중요한 일은 바로 너를 돕는 일이야.
너를 돕는 것보다 더 중요한 일은 내게 없어.
너는 나의 보배롭고 존귀한 자야.
그러니 걱정하지 마."

오늘도 제게 이렇게 말씀해주시니 저는 걱정 없습니다.
거친 파도가 나를 향해 밀려와도
저는 주님과 함께 날아오르게 될 것입니다.
모든 폭풍을 잠재우시는 주님 안에서
제 영혼은 언제나 고요합니다.

주님께서 모든 고난을 비껴가게 하시고

주님께서 이 모든 고난을 끝내실 것을 믿습니다.

결코 이 시간이 영원하지 않을 것입니다.

고생은 끝나고 반드시 좋은 날이 올 것입니다.

하나님께서 여신 문을 누구도 닫을 수 없고

하나님께서 닫으신 문은 누구도 열 수 없습니다.

하나님께서 하시는 일을 그 누구도 방해할 수 없습니다.

네가 네 손이 수고한 대로 먹을 것이라

네가 복되고 형통하리로다 시 128:2

모든 일이 순적하게 진행되는 은혜가 임하고

모든 일을 형통케 하시는 복이 임할 것입니다.

저를 향한 놀라운 계획을 가지고 제 걸음을 인도하시고

저보다 저를 더 돕기 원하시며

제가 생각하고 꿈꾸는 것보다

제가 더 풍성한 삶을 살기 원하시는 분이

여호와 우리 하나님이심을 믿습니다.

저를 통해 이루실 하나님의 목적을 위해

필요한 모든 것은 이미 제 안에 있음을 믿습니다.

제게 없는 것이라면 제게 필요 없다는 것으로 믿겠습니다.

그러기에 주님,

더 이상 다른 사람들과 비교하지 않겠습니다.

다른 사람들을 부러워하며 살지 않겠습니다.

사람들의 시선을 의식하며 살지 않겠습니다.

저 자신으로 살아가겠습니다.

하나님,

아무리 제 눈에 아름다워 보여도

하나님께서 떠나라 하시면 떠나겠습니다.

하나님께서 가라 하시면 그곳이 가장 안전한 곳이기에

미련을 버리고 떠나겠습니다.

뒤돌아서지 않겠습니다.

앞만 보며 달려가겠습니다.

주님,

사라는 90세에 이삭을 낳았습니다.

갈렙은 노년에 전쟁에 자원했습니다.

제가 도전하기에 결코 늦지 않았습니다.

제가 모험을 하기에 아직 늙지 않았습니다.

주님께서 함께하시기에 지금이 가장 좋은 시간입니다.

홍해가 가로막고 요단강이 가로막고 있어도,

아무리 사람들이 부정적인 시선으로 보고 안 된다고 말해도
저는 주님만 믿고 나아가겠습니다.
하나님의 약속을 붙잡고 도전하겠습니다.

놀라우신 하나님을 믿고 과감하게 꿈을 꾸게 하시고,
크신 하나님을 신뢰하며 위대한 도전을 하는
믿음의 삶을 살게 해주시옵소서.
오늘도 저의 한계에 도전하는 하루가 되게 해주시옵소서.
제 능력의 한계를 뛰어넘는 하루가 되게 해주시옵소서.
절대 패배감에 젖어 주저앉아 있지 않게 해주시옵소서.
변화를 거부하고 싶은 유혹을 내려놓게 해주시옵소서.
변화를 부정적으로 바라보는 시선을 내려놓게 해주시옵소서.
변화에 열린 마음으로 나아가게 해주시옵소서.
과감하게 새로운 시도를 하게 해주시옵소서.
영역을 뛰어넘는 도전을 하게 해주시옵소서.
새로운 꿈을 꾸게 해주시옵소서.
누구도 꾸지 못했던 꿈을 꾸게 해주시옵소서.

너의 행사를 여호와께 맡기라
그리하면 네가 경영하는 것이 이루어지리라 잠 16:3

하나님께는 언제나 더 좋은 계획이 있는 줄 믿습니다.

저는 방법을 모르지만 주님은 모든 방법을 가지고 계시기에

저는 걱정하지 않습니다.

제 삶을 다스리시는 분이 하나님이심을 믿기에

저는 염려하지 않습니다.

그저 주님께서 허락하실 약속의 땅을 바라보며

믿음으로 나아가겠습니다.

제게 용기를 주시고 열정의 불씨를 되살려 주시옵소서.

더 이상 저의 실수를 생각하지 않겠습니다.

저의 부족함에 빠져 있지 않겠습니다.

저의 단점으로 제 삶을 한계 짓지 않겠습니다.

하나님, 제가 저의 좁은 틀에 갇혀 살지 않게 하시고,

크고 놀라우신 하나님을 의식하며

믿음으로 살아가게 해주시옵소서.

오늘도 하나님의 초자연적인 역사가 일어날 것을 믿고

기적 같은 하루가 되게 하실 하나님을 기대하며

나아가게 해주시옵소서.

하나님은 상황에 제한받는 분이 아니십니다.

하나님은 고난 중에도 일하는 분이십니다.

하나님을 제한하지 않는 믿음을 주시옵소서.

저의 한계를 뛰어넘는 곳으로 나아가게 해주시옵소서.

하나님께서 일하실 수 있는 곳으로 나아가겠습니다.

믿음의 모험을 떠나겠습니다.

주님은 아흔이 넘은 여인의 몸에 생명의 씨앗을 심으셨고,

굶주린 사자의 입을 막으시고,

거친 바다를 가르시며 풍랑이 이는 물 위를 걷는 분이십니다.

주님, 저는 결혼하기에 결코 늦지 않았습니다.

아이를 낳기에 너무 늦지 않았습니다.

새로운 도전을 하기에 너무 늦지 않았습니다.

결혼하기 가장 좋은 나이이고

아이를 낳기에 가장 좋은 타이밍이고

새로운 도전을 하기에 가장 적절한 시간임을 믿습니다.

주님, 역사해주시옵소서.

차고 넘치는 주님의 은혜가 오게 해주시옵소서.

저는 기적을 믿습니다. 기적은 일어납니다.

주님, 제 삶에 개입해주시고 기적을 베풀어주시옵소서.

사람들이 내뱉은 부정적인 말의 씨앗을

제 마음에 뿌리지 않겠습니다.

하나님 말씀의 씨앗을 뿌리겠습니다.

30배 60배 100배의 열매를 맺게 하실 하나님을 기대하며

좋은 생각의 씨앗을 뿌리겠습니다.

큰 믿음의 씨앗을 뿌리겠습니다.

주님, 역사해주시옵소서.

사랑하는 주님,

오늘도 축복의 자리로 저의 걸음을 인도해주시옵소서.

떠나야 할 곳을 떠나는 복을 주시옵소서.

가야 할 곳으로 가는 복을 주시옵소서.

있어야 할 곳에 있는 복을 주시옵소서.

취해야 할 것을 취하는 복을 주시옵소서.

버려야 할 것을 버리는 복을 주시옵소서.

만나야 할 사람을 만나는 복을 주시고

멀리해야 할 것을 멀리하는 복을 주시옵소서.

사야 할 것을 사고, 팔아야 할 것을 파는 복을 주시옵소서.

엘리사의 기도를 들으신 주님,

제게도 제 스승보다 갑절의 은혜를 주시옵소서.

제 자녀들은 저보다 갑절의 축복을 받게 해주시옵소서.

흔들리지 않는 믿음으로 살아가게 해주시옵소서.

하나님,

오늘도 제 삶이 누군가의 기도에 응답이 되고

하나님의 기적의 도구로 사용되기를 원합니다.

하나님의 뜻을 이루는 일에 저를 사용해주시옵소서.

하나님의 영광을 나타내는 일에 저를 사용해주시옵소서.

오늘도 주님께서 지으신 최고의 날입니다.

오늘도 춤추며 손뼉 치며 소리치면서

기쁘게 노래하는 하루를 살아가겠습니다.

주님, 저의 잔이 넘칩니다.

주님의 사랑으로 저의 잔이 넘쳐납니다.

주님의 평강으로 저의 잔이 넘쳐납니다.

주님의 기쁨으로 저의 잔이 넘쳐납니다.

부족함이 없습니다. 넘쳐납니다. 충만합니다.

오늘도 놀랍게 역사하실

예수님의 이름으로 기도드립니다. 아멘.

물질의 복을 받는 기도

물질의 복

사랑하는 주님,

이 시간 경제적인 어려움으로

힘든 시간을 보내고 있는 이들을 위해 기도합니다.

헤쳐나갈 방법이 보이지 않고

어떻게 이 문제를 풀어가야 할지 앞이 보이지 않습니다.

막막합니다.

주님만이 소망이고 도움이시기에

이 시간 우리의 모든 재정적인 어려움을

주님 앞에 들고나와 기도합니다.

주님, 주님의 은혜가 필요합니다.

주님의 전적인 도우심과 긍휼이 필요합니다.

주님께서 도우셔야 살 수 있습니다.

주님, 은혜를 베풀어주시옵소서.

역사해주시옵소서.

모든 닫힌 문을 열어주시옵소서.

주님의 허락 없이는

참새 한 마리도 땅에 떨어질 수 없습니다.

공중에 나는 새를 보라 하시고

들에 핀 꽃을 보라 하시며

너희는 이것들보다 더 귀하다 하신 주님.

주님께서 돌보실 때

인간의 노력으로는 결코 누릴 수 없는

놀라운 영광을 누리게 됨을 믿습니다.

이 시간 돌보시는 주님의 손길을 허락해주시옵소서.

때를 따라 돕는 은혜를 주시옵소서.

물 댄 동산처럼 흘러넘치는 은혜를 주시옵소서.

시냇가에 심긴 나무처럼 풍성한 열매를 맺게 해주시옵소서.

하나님께서 보내주신 까마귀를 만나는 복을 주시옵소서.

우리 주 예수 그리스도의 은혜를 너희가 알거니와

부요하신 이로서 너희를 위하여 가난하게 되심은

그의 가난함으로 말미암아

너희를 부요하게 하려 하심이라 고후 8:9

주님은 우리를 부요케 하시는 분이십니다.

우리를 이 빚더미에서 건져 올리실 분은 주님이십니다.

우리를 이 재정적인 올무에서 건지실 분은 주님이십니다.

우리의 모든 경제적인 문제를 해결하실 분은 주님이십니다.

"내가 너희를 부요하게 하리라" 약속하신 주님을 신뢰합니다.

주님, 도와주시옵소서.

악인은 꾸고 갚지 아니하나

의인은 은혜를 베풀고 주는도다

주의 복을 받은 자들은 땅을 차지하고

주의 저주를 받은 자들은 끊어지리로다

여호와께서 사람의 걸음을 정하시고 그의 길을 기뻐하시나니

그는 넘어지나 아주 엎드러지지 아니함은

여호와께서 그의 손으로 붙드심이로다 시 37:21-24

하나님께 복을 받은 사람은 땅을 차지하리라 약속하신 주님.

저는 하나님의 복을 받은 사람입니다.

죄 사함의 복을 받은 사람입니다.

하나님의 자녀가 되는 복을 받은 사람입니다.

영혼이 잘되고 범사가 잘되는 복을 받은 사람입니다.

주님, 오늘 주의 복을 내려주시옵소서.

땅을 차지하는 복을 주시옵소서.

빚진 삶이 아니라 베풀고 나누는 삶을 사는 복을 주시옵소서.

주님께서 저의 걸음을 인도하시고

저의 가는 길을 기뻐하시기에

지금은 조금 넘어지고 엎드러져 있을지라도

주님께서 반드시 다시 일으켜 세우실 것을 믿습니다.

주님, 인내할 힘을 주시옵소서.

견뎌낼 능력과 버텨낼 은혜를 주시옵소서.

다시 일어설 용기를 주시옵소서.

주님의 크신 손으로 저를 붙들어주시기에

저는 견뎌낼 것입니다.

버텨낼 것입니다.

다시 일어설 것입니다.

젊은 사자는 궁핍하여 주릴지라도

여호와를 찾는 자는 모든 좋은 것에

힘 있고 능력 있는 사람들조차 어려움을 겪을지라도

주님을 찾는 자에게는 부족함이 없게 하겠다고

약속하신 주님.

이 시간 주님을 찾습니다.

주님을 구합니다.

이 시간 주님을 찾는 당신의 자녀들에게

모든 좋은 것으로 넘치게 해주시옵소서.

내 잔이 넘쳐납니다.

부족함이 없습니다.

다윗이 드린 믿음의 고백이 오늘 저의 고백입니다.

부족함이 없습니다.

넘쳐납니다. 넘쳐납니다. 넘쳐납니다.

다시 시작할 은혜를 주셔서

풍성한 열매를 맺게 하시고(고후9:10)

수고한 모든 노력이 헛되지 않게 하시고

부도의 위기에서 건져주시옵소서(사 65:23).

하나님께서 채워주시는 재정으로

은행의 잔고가 가득하게 해주시옵소서(잠 8:21).

하나님이 능히 모든 은혜를 너희에게 넘치게 하시나니
이는 너희로 모든 일에 항상 모든 것이 넉넉하여
모든 착한 일을 넘치게 하게 하려 하심이라 고후 9:8

온갖 놀라운 축복을 넘치도록 부어주시는 하나님.
하나님께서 축복하시기에
저는 하는 일마다 다 잘될 것입니다.
주님께서 아낌없이 베풀어주시고
계산하지 않고 부어주시니
무슨 일을 해도 잘될 것입니다.
예산이 부족해서 못 할 일이 없을 것입니다.
돈이 모자라서 못 할 일이 없을 것입니다.
주님께서 함께하시기에 잘될 것입니다.
손대는 일마다 넉넉하게 해낼 것입니다.
넘치는 열매를 맺게 될 것입니다.
그 좋으신 하나님을 끝까지 신뢰하며
낙심하거나 절망하지 않고
아무리 힘들어도 포기하지 않는 은혜를 주시옵소서.

네가 이 세대에서 부한 자들을 명하여
마음을 높이지 말고 정함이 없는 재물에 소망을 두지 말고

오직 우리에게 모든 것을 후히 주사 누리게 하시는

하나님께 두며 선을 행하고 선한 사업을 많이 하고

나누어 주기를 좋아하며 너그러운 자가 되게 하라 딤전 6:17,18

주님, 제 마음을 낮추겠습니다.

끝까지 겸손한 삶을 살아가겠습니다.

단순한 삶을 살겠습니다.

물질이 저의 소망이 아닙니다.

모든 것을 후히 주시고 누리게 하시는 하나님이

제 소망입니다.

물질이 제 삶의 주인이 될 수 없습니다.

모든 만물을 다스리시는 하나님만이 제 삶의 주인이십니다.

주님,

하나님께서 허락하신 물질을

하나님의 뜻대로 잘 관리하고 사용할 수 있는

지혜로운 청지기가 되게 해주시옵소서.

하나님께서 허락하신 물질을 가지고

가정을 잘 돌보고, 하나님을 섬기고, 교회를 세우며,

이웃을 사랑하는 데 사용하게 해주시옵소서.

나누고 베푸는 것을 기뻐하며

선한 사업을 많이 일으키게 해주시옵소서.

재정에 압박감이 있을지라도
사람을 함부로 대하지 않고
재정의 여유가 있을 때도
사람을 무시하지 않겠습니다.
어떤 상황에서도 사람을 소중히 여기고
너그러운 마음으로 사람을 대하겠습니다.

온유한 자는 복이 있나니
그들이 땅을 기업으로 받을 것임이요 마 5:5

불같은 모세를 이 땅에서 가장 온유한 사람으로
변화시켜 주신 주님께서
이 시간 모든 예민한 마음과 억울한 마음과
화가 난 마음을 다스려주시고,
땅을 기업으로 받을 수 있는
온유한 마음을 주시옵소서.
마음의 여유를 주시옵소서.
하나님을 믿는 믿음을 주시옵소서.

여호와께서 집을 세우지 아니하시면
세우는 자의 수고가 헛되며

여호와께서 성을 지키지 아니하시면
파수꾼의 깨어 있음이 헛되도다 시 127:1

주님, 우리의 수고가 헛되지 않도록
주님께서 저의 일터를 지켜주시고
주님께서 저의 일터를 세워주시옵소서.

제 삶의 진정한 주인 되시는
예수님의 이름으로 기도드립니다. 아멘.

만남의 축복을 위한 기도

만남의 축복

보라 형제가 연합하여 동거함이

어찌 그리 선하고 아름다운고 시 133:1

사랑하는 주님,

인생을 살아가면서 좋은 사람을 만나고

좋은 사람들과 함께할 수 있는 것이

얼마나 큰 축복인지 모릅니다.

주님, 그 복을 제게 허락해주시옵소서.

만날수록 서로 더욱더 성장하고 성숙해지는 사람.

함께 있으면 대화가 통하고 마음이 하나 되는 사람.

존재만으로 가슴이 뛰고, 더 잘 살고 싶게 만드는 사람.

헤어질 때면 아쉽고, 또 만나고 싶은 사람.
그런 사람을 만나는 복을 주시옵소서.

다윗에게는 생명까지도 아낌없이 내어주는 친구
요나단이 있었습니다.
무명이었던 그가 사무엘을 만난 후 그 인생이 달라졌고,
위기의 순간 나단 선지자를 통해 삶을 돌이킬 수 있었습니다.
절망 가운데 있던 룻이 보아스를 만나면서
그 운명이 달라지게 되었고,
다니엘에게는 함께 믿음의 길을 선택하는
용기 있는 세 친구가 있었습니다.
바울에게는 브리스가와 아굴라의 복이 있었고,
디모데에게는 영적 아버지 바울을 만나는 복이 있었습니다.
주님, 제게도 이런 만남의 축복을 허락해주시옵소서.

하나님을 사랑하는 사람,
하나님을 경외하는 사람,
사람을 존중하고 인생을 소중히 여기는 사람을 만나는
복을 주시옵소서.
제 인생의 적재적소에서 하나님께서 예비하신
좋은 사람을 만나는 복을 주실 줄 믿습니다.

지혜로운 자와 동행하면 지혜를 얻고

미련한 자와 사귀면 해를 받느니라 잠 13:20

주님, 이제 되는 대로 아무나 만나지 않겠습니다.

만나면 만날수록 힘이 빠지는 사람을 멀리하고,

만나면 만날수록 힘을 얻고, 소망이 생기고, 기쁨이 넘치는

그런 만남을 선택하겠습니다.

저의 내면을 파괴하고 삶을 부정적으로 바라보게 하는

사람을 멀리하는 지혜를 주시고,

좋은 사람을 알아볼 수 있는 안목을 주시옵소서.

피해야 할 사람을 피하는 복을 주시고,

만나야 할 사람을 만나는 은혜를 주시옵소서.

주님,

학사 에스라와 같이 말씀과 기도가 살아있는

영적 지도자를 만나는 복을 주시옵소서.

진심으로 존경하고 따를 스승을 만나는 복을 주시옵소서.

삶이 두렵고 낙심이 될 때, 인생의 고비를 넘을 때마다

찾아가 마음의 이야기를 나누고 하나님의 뜻을 들을 수 있는

참된 스승을 만나는 복을 주시옵소서.

주님,

바울에게 믿음 안에서 만난

영적인 아들 디모데가 있었던 것처럼

제게도 영적인 제자를 만나는 복을 주시옵소서.

제 삶을 아낌없이 나누고

그가 누구보다 잘되기를 바랄 수 있는

제자를 만나는 복을 주시옵소서.

철이 철을 날카롭게 하는 것같이

사람이 그의 친구의 얼굴을 빛나게 하느니라 잠 27:17

주님,

좋은 친구를 만나는 것이 얼마나 큰 복인지 압니다.

제게 자랑스러운 친구를 만나는 복을 주시옵소서.

제가 좋을 때뿐만 아니라 힘들 때도 곁에 있어줄 친구.

사람들이 제게 손가락질해도 언제나 제 편이 되어줄 친구.

말이 통하고, 서로의 마음을 이해하고,

서로의 비전을 응원해줄 수 있는 친구.

제가 잘못된 선택을 하고 있을 때

무엇이 옳은 선택인지 사랑으로 이야기해줄 수 있는 친구.

다윗과 마음이 하나 되어 자기 생명같이 사랑했던

요나단 같은 친구.

그런 친구를 만나는 복을 주시옵소서.

너희는 그리스도 예수 안에서 나의 동역자들인

브리스가와 아굴라에게 문안하라

그들은 내 목숨을 위하여 자기들의 목까지도 내놓았나니

나뿐 아니라 이방인의 모든 교회도 그들에게 감사하느니라

롬 16:3,4

사랑하는 주님,

바울에게 브리스가와 아굴라 같은

믿음의 동역자가 있었던 것처럼

제게도 목숨까지 내어줄 수 있는

믿음의 동역자를 만나는 복을 주시옵소서.

제게 일어난 일을 마치 자기 일처럼 여기며 기도하는

기도의 동역자를 만나는 복을 주시옵소서.

낙심될 때 용기를 불어넣어 주고,

칭찬을 아끼지 않고 격려해주는

동역자를 만나는 복을 주시옵소서.

함께 있으면 시간 가는 줄 모르고,

함께 시간을 보내면 믿음이 더 좋아지고,

때론 아무 말 하지 않아도

그저 같이 있다는 것만으로도 마음에 평안을 주는

그런 동역자를 만나는 복을 주시옵소서.

주님, 일터에서 좋은 사람을 만난다는 것은

무더운 여름에 마시는 시원한 얼음냉수와 같습니다.

함께 꿈을 꾸고 서로 격려하며

같이 땀 흘리는 기쁨을 나눌 수 있는

좋은 만남을 허락해주시옵소서.

주님,

평생을 함께할 잘 맞는 배우자를 만나는 복을 주시옵소서.

함께 하나님을 사랑하며 하나님을 예배할 배우자를

허락해주시옵소서.

대화가 통하고 서로를 있는 모습 그대로 사랑할 수 있는

배우자를 만나게 하시고,

자신의 삶과 인생을 소중하게 여기며

주어진 삶의 자리를 책임감 있게 걸어가는

배우자를 만나는 복을 주시옵소서.

서로 이해하고 존중하고 희생하고 용서하면서

아름다운 가정을 꿈꾸며 함께 이루어나갈

배우자를 만나는 복을 주시옵소서.

주님,

좋은 교회를 만나는 것이 얼마나 큰 축복인지 압니다.

예배가 살아있고 말씀과 기도의 은혜가 넘치는 교회.

사랑 안에서 하나 되고,

마음을 다해 교회와 세상을 섬기며,

영혼을 살리는 데 힘쓰는 좋은 교회를 만나는

축복을 허락해주시옵소서.

하나님,

하나님께서 허락하신 소중한 만남을

좋은 관계로 유지하는 지혜가 필요합니다.

좋은 사람을 사귀는 것과 더불어 곁에 있는 사람들과

시간이 지날수록 더 좋은 사이가 될 수 있는 지혜를

배우게 해주시옵소서.

사람들이 저를 만났을 때 더 괜찮은 사람이 되고 싶어지는

은혜를 주시옵소서.

제가 사람들의 연약한 부분을 볼 때

지나치게 확대해서 보지 않게 하시고,

사람들의 실수를 지적하거나

그들의 잘못을 비난하는 것이 아니라

허물을 조용히 덮어주는 넓은 마음을 갖게 해주시옵소서.

상대방이 가진 것을 좋게 볼 수 있는 안목을 주시고,
사람들의 장점을 알아주고 강점을 부각시켜 줄
지혜를 주시옵소서.

사람들을 대할 때
성급하게 판단하거나 서둘러 말하지 않는 신중함을 주시고,
갈등이 있을 때는 조용히 물러설 줄 아는 겸손도 주시옵소서.
사람들이 무엇을 잘하고 무엇을 좋아하는지
관심을 가지고 바라보게 하시고,
그들의 장점을 자연스럽게 이야기해줄 수 있는
센스도 허락해주시옵소서.

주님, 만남이 있으면 헤어짐도 있습니다.
사람들과 헤어짐을 불편해하지 않고
헤어짐을 받아들이는 지혜를 주시옵소서.
그리하여 하나님께서 허락하신 시간 안에서
하나님께서 허락하신 만남을 통해
하나님께 영광을 돌리는 복된 인생이 되게 해주시옵소서.

하나님, 인생의 만남 중에서 가장 놀라운 만남은
하나님과의 만남입니다.

하나님의 도움이 없이

어찌 이 힘든 인생을 살아낼 수 있겠습니까.

하나님의 은혜 없이

어찌 구원의 은혜를 누릴 수 있겠습니까.

제게는 그 어떤 만남보다

하나님과의 만남이 가장 소중합니다.

주님, 제 삶에 만남의 축복을 허락해주셔서 감사합니다.

저도 누군가의 기도에 응답이 되는 사람이길 소망합니다.

우리에게 가장 좋은 만남을 허락하시는

예수님의 이름으로 기도드립니다. 아멘.

말의 축복을 누리는 기도

하나님이 이르시되 빛이 있으라 하시니
빛이 있었고 창 1:3

사랑하는 주님,
주님은 말씀으로 세상을 창조하시고
말씀으로 우리와 함께하시며
말씀으로 역사하시는 분이십니다.
하나님의 형상대로 창조된 우리에게도
말의 능력과 권세가 있는 줄 믿습니다.
사람을 살리는 것도 말에 있고
사람을 죽이는 것도 말에 있습니다.

주님,

아름다운 말 한마디가 삶을 얼마나 풍요롭게 하고

긍정적인 말 한마디가 삶을 얼마나 생기있게 하는지

기억하며 말하게 해주시옵소서.

제 입술에 파수꾼을 세워주셔서

하나님의 축복을 끌어오고 하늘의 창고를 여는

열쇠 같은 말을 하게 해주시옵소서.

사람을 살리고 사람을 치유하고 사람을 세워주는

생명력 있는 말을 하게 해주시옵소서.

구부러진 말을 네 입에서 버리며

비뚤어진 말을 네 입술에서 멀리하라 잠 4:24

주님,

제가 입술로 지었던 죄를 용서해주시옵소서.

소중한 사람에게 감정을 주체하지 못하고 화를 냈습니다.

제대로 들으려 하지 않고 제 입장에서 판단하고,

정죄하고 비난하기 급급했습니다.

불평과 짜증 섞인 말투로 지적하고,

비방과 원망의 말을 쏟아내

사랑하는 사람들의 마음을 아프게 했습니다.

더러운 말과 추한 말과 속이는 말로
하나님을 근심하게 했습니다.
주님, 입술로 지었던 저의 모든 죄를 회개합니다.
용서해주시옵소서.
이제 모든 부정적인 말을 멈추고
생명력 있는 말로 입술을 가득 채우게 해주시옵소서.

선한 말은 꿀송이 같아서
마음에 달고 뼈에 양약이 되느니라 잠 16:24

주님, 이제 선한 말을 하며 살겠습니다.
살리는 말을 하며 살겠습니다.
주님께서 함께하십니다.
잘될 것입니다.
하나님의 은혜가 있을 것입니다.
좋은 일이 생길 것입니다.
기적이 일어날 것입니다.
모든 것이 회복될 것입니다.
점점 더 좋아질 것입니다.
반드시 치유될 것입니다.
할 수 있습니다. 해보겠습니다.

하나님께서 기뻐하시는 말을 하겠습니다.
희망의 말을 고백하며 살겠습니다.

또한, 억울한 사람들의 마음에 공감하는 말을 하겠습니다.
겉으로는 웃고 있지만 속으로는 아파하는 사람들에게
따뜻한 위로의 말을 건네겠습니다.
상처받은 사람들, 낙심한 사람들,
살아갈 이유를 잃은 사람들을 격려하고 지지하면서
살아갈 힘을 주겠습니다.
도움이 필요한 자들을 만났을 때
무슨 말을 해야 할지 알게 하시고,
우는 자들의 눈물을 닦아주고
괴로워하는 자들의 마음을 만져주며
아파하는 사람들을 끌어안아 줄 수 있는
따뜻한 입술을 허락해주시옵소서.

주님,
예수님의 입술에 특별한 권세가 있었던 것처럼
제 입술에도 권세가 있는 줄 믿습니다.
저를 통해 주님의 음성이 들려지게 하시고
듣는 사람마다 살아나게 해주시옵소서.

그렇기에 누군가에게 말하기 전에
먼저 기도하고 말하는 영성을 주시옵소서.

세상에 금도 있고 진주도 많거니와
지혜로운 입술이 더욱 귀한 보배니라 잠 20:15

주님,
금보다도 귀하고 진주보다 귀한 것이 지혜로운 입술입니다.
때에 맞고 경우에 합당한 말, 지혜롭고 정직한 말이
우리의 삶을 더욱더 아름답게 합니다.
주님, 제가 말을 잘하기 전에
사람들의 말을 잘 들을 수 있는 귀를 주시고
좋은 질문을 할 줄 아는 입술을 주시고
진심으로 상대방을 존중하는 가슴을 주시옵소서.
좋은 부분을 좋다고 말해줄 용기를 주시고
잘한 것을 잘했다고 말해줄 아량을 주시옵소서.
대화가 힘든 상황에서도 유머를 흘려보내는 여유를 주시고
꼭 해야 할 말을 할 때도
좋은 태도로 간결하게 말할 수 있는 지혜를 주시옵소서.
거절해야 할 때 단호하면서도 예의 있게 거절할
지혜와 용기를 주시고,

힘든 이야기일지라도

애매하게 대충 넘어가는 것이 아니라

분명하고 명확하게 말하는 용기를 주시옵소서.

죽고 사는 것이 혀의 힘에 달렸나니

혀를 쓰기 좋아하는 자는 혀의 열매를 먹으리라 잠 18:21

주님,

무심코 뱉어낸 한마디가

사람을 살리기도 하고 사람을 죽이기도 합니다.

지시하고 명령하고 강요하는 말로

사람을 숨 막히게 하는 것이 아니라

제안하고 부탁하는 말로

사람들의 마음을 얻게 해주시옵소서.

내 생각이 틀릴 수도 있다는 생각으로 말하고

그럴 수도 있겠다는 마음으로 듣는 지혜를 주시옵소서.

상대방의 이야기를 도중에 끊지 않고

끝까지 들어주는 인내와

충분히 공감한 뒤에 제 의견을 말하는 지혜를 주시옵소서.

다른 사람의 약점을 대화의 주제로 삼거나

사람들의 실수를 농담거리로 삼지 않는 품격을 주시고,

실수했을 때는 진지하게 사과하는 겸손을 주시옵소서.

미안할 때는 미안하다고,

고마울 때는 고맙다고,

잘했을 때는 잘했다고 말하는 건강한 마음을 주시옵소서.

들으면 기분이 좋아지고 자신감이 솟아나며

듣고 있으면 가슴이 설레고 은혜가 되는 말을 하는

지혜를 주시옵소서.

주님, 제 입술이 생명의 샘이 되게 해주시옵소서.

사랑과 축복의 말로 가득 채워주시옵소서.

감사와 믿음의 고백이 넘쳐나게 해주시옵소서.

소망과 희망의 말들로 충만하게 해주시옵소서.

그리고 그 입술의 열매를 먹으며 살아가는

은혜를 내려주시옵소서.

말씀으로 세상을 창조하신

예수님의 이름으로 기도드립니다. 아멘.

건강의 복을 받는 기도

건강의 복

사랑하는 주님,

건강한 몸으로 이 땅을 살아가는 것은

정말 놀라운 축복입니다.

성령께서 거하시는 우리의 몸을 건강하고 아름답게 관리하는

청지기의 사명을 잘 감당하며 살아가는 은혜를 주시옵소서.

주님,

이 시간 우리 몸의 건강을 위해 기도합니다.

사랑하는 당신의 자녀들에게 총명한 머리를 주셔서

분별력과 판단력이 있게 해주시옵소서.

풍성한 머리숱과 빛깔 좋은 머리카락도 주시옵소서.

눈에는 총기가 돌고 얼굴에는 윤기가 흐르게 해주시옵소서.

건강한 귀를 주셔서 아름다운 소리를 마음껏 듣게 하시고
튼튼한 치아를 주셔서 먹고 싶은 것을 마음껏 먹을 수 있도록
은혜를 주시옵소서.

코가 제 기능을 잘해서
숨을 쉬고 향을 맡는 즐거움을 누리게 해주시고,
깊고 편안하게 숨 쉴 수 있는 은혜를 주시옵소서.
굳어 있는 목을 풀어주시고
결린 어깨도 시원하게 만져주시옵소서.
뭉쳐있는 몸의 모든 근육이 이완되게 하시고
몸의 뼈 마디마디마다 부드럽게 움직이게 해주시옵소서.
뼈도 튼튼하고 모든 근육이 잘 발달하게 해주시옵소서.
몸속에 있는 모든 장기가 제 역할을 잘 감당하고
몸의 모든 세포마다 생명력이 넘쳐나게 해주시옵소서.
몸의 구석구석 혈액 순환이 잘되게 하시고
온몸에 에너지가 잘 흐르게 해주시옵소서.
몸을 지탱하는 허리와 척추를 곧게 하시고
틀어진 골반을 바로잡아주시고
무릎의 연골이 제 기능을 잘 감당해
마음껏 걷고 뛰게 해주시옵소서.

바른 자세가 우리 몸에 얼마나 중요한지 압니다.
앉아 있을 때든지 서 있을 때든지
바른 자세를 유지하기 위해
의식적으로 노력하게 해주시옵소서.

주님,
건강한 삶을 위해 좋은 습관만큼 중요한 것이 없습니다.
과식하지 않고 음식을 천천히 먹는 습관을 훈련하게 하시고,
불량식품과 인스턴트 음식을 비롯해
몸에 해로운 것들을 멀리하게 하셔서
필요한 영양이 잘 공급되게 해주시옵소서.

충분히 물을 마시고
하루 한 번은 야외에 나가
햇빛도 보고 산책도 하면서
여유 있는 시간을 갖겠습니다.
엘리베이터보다는 계단을 이용하는
건강한 습관을 기르겠습니다.
무엇보다 체중을 잘 관리해서
무기력한 삶이 되지 않고
생명력이 넘치는 삶을 살겠습니다.

항상 몸을 따뜻하게 하고
마음을 느긋하고 편안하게 하고
깊은 숙면을 취하는 습관을 통해
어떤 바이러스도 다 이겨낼 수 있는
강력한 면역력을 기르게 해주시옵소서.
자주 손을 씻고, 청결한 생활 습관을 통해
모든 병균과 바이러스로부터 멀어지게 해주시옵소서.

주님, 우리 몸은 하나님의 성전입니다.
몸을 건강하게 할 뿐만 아니라,
거룩하신 성령님과 어울리도록
거룩하고 아름답게 가꿔가게 해주시옵소서.
몸을 잘 가꿀 뿐만 아니라 몸을 잘 사용하도록
지혜와 분별력을 허락해주시옵소서.

주님,
건강을 위협하는 것들이
우리 주변에 얼마나 많은지 모릅니다.
크고 작은 많은 사고가 매일 우리 주변에서 일어납니다.
세균과 바이러스로부터 우리를 지켜주시고,
예기치 못한 사고에서 우리를 지켜주시옵소서.

어떤 질병도 우리에게 틈타지 못하도록

주님께서 눈동자처럼 지켜주시옵소서.

모든 질병에서 우리를 지켜주시옵소서.

모든 신체 기능들이 정상적으로 잘 움직이게 하셔서

몸의 회복력과 치유력이 점점 더 좋아지게 해주시옵소서.

이르되 큰 은총을 받은 사람이여

두려워하지 말라 평안하라 강건하라 강건하라

그가 이같이 내게 말하매 내가 곧 힘이 나서 이르되

내 주께서 나를 강건하게 하셨사오니 말씀하옵소서 단 10:19

주님, 저는 주님의 큰 은총을 받은 사람입니다.

이 시간 제게 **"두려워 마라 평안하라"** 말씀하시니

감사합니다.

강건하라 강건하라 하신 말씀에 제 몸이 듣고 순종하여

강건하게 되었음을 믿음으로 선포합니다.

곧 힘이 나서 강건하게 하심을 믿습니다.

주님, 특별히 몸의 질병을 가진 이들이 있다면

이 시간 주님께서 깨끗하게 고쳐주시옵소서.

회당장의 죽은 딸에게

"달리다굼! 소녀야 일어나라" 명하신 주님께서

이 시간 이 기도를 드리는 모든 이에게
말씀하여 주시옵소서.

너는 일어나라.
두려워하지 말고 일어나라.
일어나 걸어라.
걷고, 뛰며, 찬양할지어다.

주님, 반드시 치유될 줄 믿습니다.
반드시 치유될 것입니다.
주님께서 하실 것입니다.
점점 좋아질 것입니다.
깨끗하게 치유될 것입니다.
소망의 주님, 역사해주시옵소서.
기적의 하나님, 감사합니다.
고쳐주셔서 감사합니다.
치유하신 하나님을 찬양합니다.

모세가 죽을 때 나이 백이십 세였으나
그의 눈이 흐리지 아니하였고
기력이 쇠하지 아니하였더라 신 34:7

사랑하는 주님,

노년에 눈이 흐려지지 않고 기력이 쇠하지 않았던 모세처럼

주님께서 맡기신 사명을 다할 때까지

눈이 흐려지지 않고 기력이 쇠하지 않는

건강과 장수의 복을 내려주시고

평강의 복을 더해주시옵소서.

주님께서 부르실 그 날까지

강건하게 사명 다하며 살아가도록 은혜를 내려주시옵소서.

건강한 삶을 통해 일상이 기적이 되는

놀라운 축복을 허락해주시옵소서.

우리를 강건케 하시는

예수님의 이름으로 기도드립니다. 아멘.

둘째 주에는 우리의 내면을 위해 기도할 것입니다. 하나님께서 허락하신 삶을 생명력 있게 살아가게 하는 힘은 우리의 마음에 있습니다 (잠 4:23). 이 장의 기도들을 통해, 불안하고 두려운 우리의 마음에 하늘의 평안이 임하고, 외롭고 우울한 내면이 기쁨으로 채워질 것입니다. 그리고 우리가 얼마나 아름답고 소중한 존재인지 느끼게 될 것입니다. 우리의 건강한 내면세계를 위해 함께 기도합시다.

건강한
마음을 위한
기도

불안한 마음을 다스리는 기도

여호와께서 자기 백성에게 힘을 주심이여

여호와께서 자기 백성에게 평강의 복을 주시리로다 시 29:11

평강의 주님,

이 시간 불안한 마음을 안고

주 앞에 나온 성도들을 위해 기도합니다.

조금만 컨디션이 안 좋아도 '혹시 내가 크게 아픈 것은

아닐까' 하는 마음에 걱정이 되고,

'아무것도 가진 것이 없는데 어떻게 자녀들을 키우고

또 노년은 어떻게 보낼 수 있을까' 벌써 불안하고

'할 수 있는 것이 아무것도 없는데 직장에서 퇴직을 당하면

뭘 하면서 살아야 하나' 하는 생각에 불안합니다.

자신이 쓸모없는 사람처럼 느껴져서 불안하고

사람들이 자신을 싫어하는 것 같아서 위축되고

변하는 세상에 혼자 뒤처진 것 같아 불안합니다.

다른 사람들은 다 잘사는 것 같은데

왜 나만 이렇게 힘들게 살고 있나 하는 생각에

의기소침해집니다.

진짜 자신의 모습을 알게 되면

사람들이 자신을 떠날 거라는 생각에

시간이 더할수록 가면만 늘어갑니다.

이런 자신이 하나님 앞에서 죄스럽고

'이런 나를 하나님도 싫어하시겠지' 하는 생각에

하나님 앞에 나아가는 것도 주저하게 됩니다.

늘 두통에 시달리고, 소화도 잘 안 됩니다.

시도 때도 없이 가슴이 뛰고, 손에는 땀이 차고,

숨도 잘 쉬어지지 않습니다.

깊이 잠을 청한 것이 언제였는지 생각도 나지 않고,

입맛을 잃은 지도 오래입니다.

작은 것에도 예민하게 반응하고 마음은 자꾸만 조급해져서

뭘 해도 집중이 되질 않습니다.

사랑하는 사람에게 상처만 주는 것 같아

그냥 아무도 없는 곳으로 도망치고 싶기도 합니다.

주님, 이 시간 불안한 마음을 안고 살아가는
사랑하는 당신의 백성들에게 힘을 주시옵소서.
평강의 복을 주시옵소서.

아무것도 염려하지 말고 다만 모든 일에 기도와 간구로,
너희 구할 것을 감사함으로 하나님께 아뢰라
그리하면 모든 지각에 뛰어난 하나님의 평강이
그리스도 예수 안에서 너희 마음과 생각을 지키시리라 빌 4:6,7

주님은 우리의 작고 사소한 문제도
진지하게 귀 기울여 들어주시고
언제나 친절하고 따뜻하게 말씀해주시는 분이십니다.
주님, 불안할 때마다 기도할 수 있는 은혜를 주시옵소서.
불안한 마음을 주님께 가지고 나아가는 용기를 주시옵소서.
작고 사소해 보이는 것까지도 주님께 다 아뢸 수 있는
믿음을 주시옵소서.
불안한 마음을 놀라운 평강으로 바꿔주시옵소서.

너희 염려를 다 주께 맡기라
이는 그가 너희를 돌보심이라 벧전 5:7

예, 주님.

우리의 힘으로는 불안을 멈출 수 없습니다.

인생의 무거운 짐을 혼자 지고 갈 수 없습니다.

그렇기에 이 시간, 모든 염려를 주님께 맡깁니다.

주님께서 짐을 대신 져주시고

저들의 마음을 어루만져주시옵소서.

형제들아 무엇에든지 참되며 무엇에든지 경건하며

무엇에든지 옳으며 무엇에든지 정결하며

무엇에든지 사랑받을 만하며 무엇에든지 칭찬받을 만하며

무슨 덕이 있든지 무슨 기림이 있든지 이것들을 생각하라 빌 4:8

하나님,

이 시간 저들의 생각을 붙잡아 주시옵소서.

비합리적인 생각을 버리게 해주시옵소서.

극단적인 생각을 멈춰주시옵소서.

막연하게 마음을 불안하게 하는 것을 그냥 내버려 두지 않고

마음속에 떠오르는 걱정거리에

끌려다니지 않게 해주시옵소서.

좋은 생각을 하고 긍정적으로 생각하고

합리적으로 생각할 수 있도록 주님께서 도와주시옵소서.

무엇보다 하나님에 대해 바르게 생각할 수 있도록
도와주시옵소서.

여호와의 말씀이니라
너희를 향한 내 생각을 내가 아나니
평안이요 재앙이 아니니라
너희에게 미래와 희망을 주는 것이니라 렘 29:11

그래요, 주님.
주님은 우리에게 재앙을 내리는 것을
좋아하는 분이 아니십니다.
오히려 밤낮없이 우리 생각만 하시는 분이십니다.
어떻게 하면 우리를 축복할 수 있을지
어떻게 하면 우리가 신나게 살아갈 수 있을지
어떻게 하면 우리의 미래를 열어줄 수 있을지
늘 그 생각에 빠져 계시는 분이십니다.

공중의 새를 보라 심지도 않고 거두지도 않고
창고에 모아들이지도 아니하되
너희 하늘 아버지께서 기르시나니
너희는 이것들보다 귀하지 아니하냐 마 6:26

날아가는 새 한 마리까지 돌보시는 하나님께서

우리를 얼마나 귀하게 여기실지 생각합니다.

주님은 누구보다 저들의 필요를 잘 아는 분이십니다.

이제 마음이 불안할 때마다

선하신 주님을 바라보게 해주시옵소서.

선하신 주님을 바라볼 때

주님께서 저들을 얼마나 아끼고 사랑하시며

얼마나 축복하기 원하시는지

가슴 깊이 느껴지게 해주시옵소서.

이날은 우리 주의 성일이니 근심하지 말라

여호와로 인하여 기뻐하는 것이 너희의 힘이니라 느 8:10

주님,

여전히 근심할 일이 있고 마음은 불안하지만,

주님으로 인해 기뻐해야 할 이유 또한

얼마나 많은지 모릅니다.

죄인 된 저희가 구원받은 것보다 더 큰 기쁨이

어디 있겠습니까.

먼지 같은 저희를 천하보다 크게 봐주시는 주님께서

함께하시니 이것보다 더 큰 기쁨이 어디 있겠습니까.

고아같이 저희를 버려두지 않으시고

저희의 아버지가 되어주셔서

모든 필요를 넘치도록 채워주시니 이 얼마나 기쁜 일입니까.

한 치 앞도 보지 못하는 저희에게

영원한 안식과 평화가 있는 천국이 준비되어 있다니

기뻐하지 못할 이유가 무엇이겠습니까.

주님, 이 시간 주님으로 인해 기뻐할 때

모든 불안을 이겨낼 힘을 주시옵소서.

보라 형제가 연합하여 동거함이

어찌 그리 선하고 아름다운고 시 133:1

주님,

믿음의 형제자매들이 서로 격려하고 지지하고 세워주는 것을

믿음 없는 모습이라 하지 않으시고

오히려 선하고 아름답다고 하시니 감사합니다.

불안한 마음을 안고 살아가는 저들과 함께 있어주고,

저들의 이야기를 들어주고 공감해주는

좋은 믿음의 동역자들을 만나는 복을 주시고

주님께서 기뻐하시는 아름다운 교제를

풍성하게 누리는 복을 주시옵소서.

평안을 너희에게 끼치노니 곧 나의 평안을 너희에게 주노라
내가 너희에게 주는 것은 세상이 주는 것과 같지 아니하니라
너희는 마음에 근심하지도 말고 두려워하지도 말라 요 14:27

사랑하는 주님,
이 시간 영적인 눈을 열어
주께서 행하신 일들을 보게 해주시옵소서.
예수님이 저들의 모든 죄를 짊어지시고,
십자가에 달려 돌아가심으로 모든 죄를 용서하셨음을
믿음으로 받아들이게 해주시옵소서.
더 이상 정죄 받지 않으며
하나님과 영원한 평화를 누리게 되었음을
알게 해주시옵소서.
아버지 집에서 영원한 안식을 누리게 하겠다고 하신
주님을 바라보게 해주시옵소서.
예수님의 십자가 사랑으로
저들 안에 있는 불안한 마음을 깨끗이 씻어주시옵소서.

너의 하나님 여호와가 너의 가운데에 계시니
그는 구원을 베푸실 전능자이시라
그가 너로 말미암아 기쁨을 이기지 못하시며

너를 잠잠히 사랑하시며 너로 말미암아 즐거이 부르며
기뻐하시리라 하리라 습 3:17

괜찮아, 네가 많이 두려웠지.

내가 네 마음을 알아.

이제 괜찮아. 내가 너와 함께할 거야.

내가 너를 지켜줄 거야.

내가 너를 도와줄 거야.

내가 너를 구원할 거야.

사랑하는 주님,

사람들이 뭐라고 해도 이 시간 주님의 말씀을 붙듭니다.

저로 말미암아 기쁨을 이기지 못하신다 하신

주님의 말씀을 붙잡습니다.

저를 바라보시며 사랑한다 말씀하신 주님을 바라봅니다.

너희는 그들을 두려워하지 말라

너희의 하나님 여호와께서 친히 너희를 위하여

싸우시리라 하였노라 신 3:22

예, 주님.

주님께서 우리를 대신해 싸워주시기에

이제 불안해할 이유가 없습니다.

긴장해야 할 이유도 없습니다.

누구도 우리를 해할 수 없습니다.

주님 안에서 우리의 영혼이 안전합니다.

내가 평안히 눕고 자기도 하리니

나를 안전히 살게 하시는 이는 오직 여호와이시니이다 시 4:8

주님,

이 시간 불안에 떠는 저들의 모든 눈물을 닦아주시고,

저들의 모든 슬픔을 지워주시옵소서.

모든 근심의 옷이 벗어지게 하시고,

모든 고통의 안개가 걷히게 해주시옵소서.

거친 파도를 잠잠하게 하신 주님께서

이 시간 저들에게 말씀해주시옵소서.

잠잠하라

잠잠하라

잠잠하라

불안하던 영혼이 고요해지고,

영원할 것 같은 불안이 사라질 줄 믿습니다.

하늘의 평강이 임하고 주님의 빛이 비쳐옵니다.

주님의 사랑으로 마음에 온기가 느껴지고

모든 불안이 녹아내립니다.

모든 긴장이 풀어지고, 평온해집니다.

성령 하나님의 신비롭고 따스한 온기가

영혼 깊은 곳까지 평안하게 하심을 믿습니다.

마음이 가벼워지고 머리가 맑아지며

모든 것이 쉽게 느껴집니다.

주님, 평안합니다.

주님, 감사합니다.

영원한 반석이 되시는

예수님의 이름으로 기도드립니다. 아멘.

분노의 마음을 다스리는 기도

먼저 숨기도로 시작하겠습니다.

온몸에 힘을 쭉 뺍니다.

얼굴을 편안하게 하고 어깨도 천천히 긴장을 풉니다.

가슴과 배도 힘을 빼고 팔과 다리도 편안하게 합니다.

불편한 부분이 느껴지면 몸을 움직여 자세를 편안하게 합니다.

걱정되고 근심되는 모든 생각을 멈추고 예수님이 나를 꼭 안아주시는 모습을 상상하면서 심호흡을 하겠습니다.

숨을 깊이 들이마십니다.

천천히 내쉬면서 저를 따라 기도합니다.

아버지, 감사합니다.

다시 숨을 깊이 들이마십니다. 천천히 내쉬면서

예수님, 사랑합니다.

다시 한번 숨을 깊이 들이마십니다.
잠시 멈췄다가 천천히 내쉬면서

성령님, 이시간 임하소서.

마음이 고요해지고, 차분하고 느긋해지는 것을 느껴봅시다.

노하기를 더디하는 자는 용사보다 낫고
자기의 마음을 다스리는 자는 성을 빼앗는 자보다 나으니라
잠 16:32

하나님, 너무 화가 나요.
너무 억울하고, 마음이 너무 아파요.
주님, 아시죠.
주님, 도와주세요.
화가 난 마음을 다스려주세요.

사랑하는 주님,

이 시간 언제 폭발할지 모르는 시한폭탄처럼

늘 화가 나 있는 마음으로 살아가는 이를 위해 기도합니다.

소리를 지르고 물건을 부수고 욕설을 퍼붓는 것이

옳지 못한 것인 줄 알지만 화가 나면 통제가 되질 않습니다.

주체할 수 없이 화를 쏟아내고 나면 후회가 밀려오고,

미안하다고 사과도 하고 하나님께 회개도 하지만

마음의 분노가 다스려지지 않습니다.

부당한 대우를 받거나, 공정하지 못하다고 느껴질 때면

참을 수 없는 분노가 치밀어 올라옵니다.

무시한다고 느껴지고 모욕감이 느껴지면

참으려고 애써보지만 그만 화가 폭발해버립니다.

주님, 은혜가 필요합니다.

이 시간 화가 나 있는 자신을 정죄하는 것이 아니라

따뜻하게 잘 보살필 수 있도록 성령께서 다스려주시옵소서.

화를 폭발시키는 것도 좋은 방법이 아니지만,

그냥 참는 것도 좋은 방법이 아님을 압니다.

화를 폭발시키지 않게 하시되,

속으로 삭이지도 않게 해주시옵소서.

적절한 방법으로 화를 다스릴 수 있는 지혜를 주시옵소서.

분을 내어도 죄를 짓지 말며
해가 지도록 분을 품지 말고
마귀에게 틈을 주지 말라 엡 4:26,27

하나님,
화가 나더라도 죄를 짓지 않게 하시고
사탄에게 기회를 주지 않게 해주시옵소서.
화를 내봐야 얻는 게 없습니다.
잠깐은 후련할지 모르지만, 그동안 쌓아온 것을
한순간에 무너뜨리는 것이 분노입니다.
주님, 아무리 화가 나도 즉각적으로 반응하지 않고
잠깐 멈췄다가 반응할 수 있는 여유를 주시옵소서.
잠깐의 심호흡만으로도 충분히 마음을
가라앉힐 수 있다는 것을 기억하게 해주시옵소서.
분노를 쌓아 두었다가 자신보다 약한 사람에게 화를 푸는
나쁜 습관을 버리게 해주시옵소서.
마음에 화가 쌓이지 않도록,
안전한 곳에서 안전한 방법으로
그때그때 적절히 잘 풀어낼 수 있는
건강한 습관을 갖게 해주시옵소서.

내 사랑하는 자들아

너희가 친히 원수를 갚지 말고 하나님의 진노하심에 맡기라

기록되었으되 원수 갚는 것이 내게 있으니

내가 갚으리라고 주께서 말씀하시니라 롬 12:19

주님, 화나게 하는 사람에게

직접 원수를 갚지 않게 해주시옵소서.

원수 갚는 것을 하나님께 맡기게 해주시옵소서.

노를 품는 자와 사귀지 말며 울분한 자와 동행하지 말지니

그의 행위를 본받아 네 영혼을 올무에 빠뜨릴까

두려움이니라 잠 22:24,25

주님, 화나게 하는 사람 때문에

하루를 망치지 않기로 결심합니다.

화나게 하는 사람을 적절하게 무시하고,

신경을 쓰지 않을 수 있는 지혜를 주시옵소서.

화나게 하는 것으로부터 멀리 도망칠 수 있는

지혜를 주시옵소서.

뿐만 아니라, 화나게 하는 사람들을

불쌍히 여길 수 있는 마음을 주시옵소서.

용서할 수 있도록 도와주시옵소서.

사람들이 화를 돋구기 위해 일부러 그런 것이 아닙니다.

잘하고 싶어도 안 되는 것입니다.

몰라서 못 하는 것입니다.

'어떻게 저럴 수 있지'가 아니라

'뭔가 그럴 만한 이유가 있겠지' 하며 바라볼 수 있는

여유를 주시옵소서.

모든 사람이 나와 같을 수 없습니다.

나와 다름을 인정하고 존중할 수 있는

겸손한 마음을 주시옵소서.

자신이 원하는 방식대로 해야 한다는 이기적인 마음과

내 생각이 항상 맞고 내 판단이 항상 정확하고

내가 한 결정이 항상 옳다고 여기는 교만한 마음을

내려놓게 해주시옵소서.

화를 내기 전에 먼저 자신을 돌아볼 수 있고

어떻게 된 일인지 물어볼 수 있는 여유를 주시옵소서.

화나게 했던 사람을 더 이상 생각하지 않겠습니다.

화나게 했던 상황을 더 이상 기억하지 않겠습니다.

비판적인 사람들과 나누면서 분노를 키우는 것을

멈추겠습니다.

주님, 도와주시옵소서.
비둘기 같은 성령 하나님께서
온유하고 부드러운 음성으로 이 시간 말씀해주시옵소서.

내가 너의 억울한 마음을 다 안단다.
네가 왜 화가 났는지 내가 알아.
네 마음이 얼마나 아픈지 내가 알고 있어.
내가 네 편이 되어줄 거야.
너를 대신해 싸워줄 거야.

주님, 감사합니다.
주님의 사랑이 모든 배신감을 녹아내리게 하고
서운한 마음을 씻기고 오랜 상처를 아물게 합니다.
모든 분한 마음과 억울한 기억과 아픈 기억을
깨끗이 지워주시옵소서.

이 시간 예수의 이름으로 명하노니
마음을 짓누르던 모든 무거운 짐들은 사라질지어다.
마음에 쌓여 있는 모든 감정의 찌꺼기들은
깨끗이 씻길지어다.
응어리진 마음이 풀어지고,

답답한 마음은 시원해지고,

무거운 마음이 가벼워지고,

불안한 마음은 평안해질지어다.

가슴에 맺혀 있던 한이 풀어지고

모든 분노가 녹아내릴지어다.

주님, 화가 나 있는 마음이 진정되게 해주시옵소서.

온유하고 부드러운 마음, 겸손한 마음을 주시옵소서.

이제 숨을 들이쉴 때마다

신선한 공기가 들어와 마음이 가벼워지게 하시고

숨을 내쉴 때마다

모든 스트레스와 분노가 깨끗이 빠져나가게 해주시옵소서.

주님의 은혜 안에서 기쁨이 솟아나고

감사가 솟아나고 소망이 넘쳐나게 해주시옵소서.

이 시간 예수님으로 충만하게 하시고

예수님으로 인해 평안을 얻게 해주시옵소서.

몸과 마음이 예수님 안에서 안정감을 얻게 해주시옵소서.

주님, 감사합니다. 사랑합니다.

우리의 모든 억울함을 풀어주시는

예수님의 이름으로 기도드립니다. 아멘.

우울한 마음을 다스리는 기도

주님, 우울이 제게 말을 걸어 올 때
어떻게 해야 할지 모르겠습니다.
'나는 왜 안 될까'
'내가 뭘 하겠어'
'나는 해봤자 안 돼'
'난 살 가치도 없는 인간이야'
이런 생각에 사로잡혀 있는 저 자신이 참 한심해 보이고,
벗어나고 싶지만 마음처럼 되지 않습니다.

주님, 너무 힘듭니다.
사람을 만나는 것이 두렵고 상처받는 것에 지쳤습니다.
나는 사랑받지 못할 거란 생각에 너무 괴롭습니다.

알 수 없는 눈물이 흐르고 걱정이 되고

답답한 마음에 숨도 잘 쉬어지지 않습니다.

어떤 날은 하루 종일 잠만 자고

또 어떤 날은 한숨도 자지 못합니다.

'내가 조금만 더 예쁘고 잘 생겼더라면'

'내가 조금만 더 똑똑했더라면'

'내가 조금만 더 성격이 좋았더라면'

그러면 내 삶이 달라지지 않았을까 하는 생각으로

끊임없이 자신을 자책합니다.

'그때 내가 왜 그렇게 했을까'

'그때 내가 왜 그렇게 말했을까'

늘 후회 속에 살아갑니다.

쉴 새 없이 주변 사람들과 비교하고

마음에 들지 않는 제 모습을 거부하며 살아갑니다.

싫은 것을 싫다고 말하지 못하고

좋은 것을 좋다고 말하지 못하면서 살았습니다.

"너만 힘들어? 나도 힘들어. 사람들은 다 힘들어."

"언제까지 이럴 거니. 이제 지긋지긋해."

"너의 우울한 이야기 이제 그만 듣고 싶어."

사람들이 이렇게 말할 것만 같아서

속이 새까맣게 타들어 가는데도

누구에게 말 한마디 못 하며 살아갑니다.

이런저런 방법을 찾아보지만

좋아지는 것 같다가도 다시 우울해지고,

원치 않는 생각에 끌려다니다 보면 온몸이 지쳐 버립니다.

치유되지 못한 오랜 상처가 저를 너무 아프게 하고,

누군가 이 아픔을 알아줬으면 하면서도

또 누군가가 이런 모습을 아는 것이 싫고 두렵습니다.

이런 생각을 하면 안 된다는 것을 아는데도

죽고 싶은 마음이 불쑥불쑥 올라옵니다.

주님, 이 고통의 터널을 빠져나갈 수 있을까요?

상심한 자들을 고치시며 그들의 상처를 싸매시는도다

시 147:3

사랑하는 딸아, 사랑하는 아들아

너는 내가 핏값으로 산 내 딸, 내 아들이란다.

내가 죽음으로 대신할 만큼 너는 내게 소중한 존재야.

힘들었지만, 지금까지 잘 살아왔어. 잘하고 있어.

딸아, 기억해야 해. 넌 혼자가 아니야.

아들아, 잊어선 안 돼. 내가 언제나 너와 함께 있어.

그러니 딸아, 아들아
죽지 말고 살아야 해. 꼭 살아야 해.

이 시간 십자가에서 말씀하시는 주님의 음성이
우리의 영혼에 들려오게 해주시옵소서.

의인이 외치매 여호와께서 들으시고
저희의 모든 환난에서 건지셨도다 시 34:17

주님, 우리의 삶이 모래알처럼 부서지고
떨어지는 낙엽처럼 흩어진 것같이 보여도
우리는 하나님의 크신 사랑 안에 있고
하나님의 더 큰 계획 가운데 있음을 고백합니다.
우리의 탄식 소리를 들으시고
마침내 우리를 이 모든 환난에서 건져 내실
주님을 바라봅니다.
주님은 우리가 이 땅에 왔을 때
누구보다 크게 환영해주신 분이십니다.
우리를 있는 모습 그대로
아무 조건 없이 사랑해주신 분이 주님이십니다.
우리의 이야기를 판단하지 않으시고

들어주고 또 들어줄 수 있는 분은 우리 주님이십니다.

우리의 회복이 더디더라도 조급해하지 않으시고

끝까지 기다려주시고 함께하시는 분은 우리 주님이십니다.

이 시간 주님의 따뜻한 사랑이

우리의 마음에 느껴지게 해주시옵소서.

주님, 오랜 마음의 상처를 직면할 용기를 주시옵소서.

완벽하지 않은 자신을 있는 모습 그대로

받아들일 수 있도록 도와주시옵소서.

이해할 수 없는 일까지도

이해할 수 없는 상황까지도

받아들일 수 있는 믿음을 주시옵소서.

이제 되는 대로 생각하지 않고, 생각을 선택하겠습니다.

부정적인 감정에 이끌려 사는 것이 아니라

좋은 감정을 선택하겠습니다.

부정적인 생각을 멈추고, 한 번에 한 가지씩

좋은 생각, 행복했던 기억, 긍정적인 상상을 할 수 있도록

도와주시옵소서.

주님,

그동안 잊고 살았던 소중한 삶의 습관을

다시 회복하게 해주시옵소서.

침대에서 일어나 샤워도 하고,
자신을 멋지게 꾸미는 시간도 갖고,
잠깐이지만 벤치에 앉아 햇볕도 쬐고,
조금 용기를 내 공원도 산책하게 해주시옵소서.
마음을 잘 관리하고 마음의 근육을 키울 수 있도록
도와주시옵소서.

이 시간 나사렛 예수 그리스도 이름으로 명하노니
모든 우울의 영은 떠나갈지어다.
이유 없이 슬픈 마음도 사라질지어다.
낙심하는 마음도 깨끗이 떠나갈지어다.
비교하는 마음도 떠나가고
절망하는 마음도 떠나가고
무력하게 느끼는 마음도 떠나갈지어다.
죽고 싶은 생각까지도 이 시간 깨끗이 떠나갈지어다.
예수의 이름으로 명하노니
긍정적인 생각으로 가득해질지어다.
자신을 사랑하는 생각으로 가득해질지어다.
모든 피로감이 사라지고 기운이 솟아나고
살고 싶은 생각으로 가득해질지어다.

주님,

과거에 묶여 있던 삶에서 벗어나게 해주시옵소서.

머릿속에 끊임없이 돌아가는 잘못된 생각을 멈춰주옵소서.

하나님의 말씀을 따라 생각하게 해주시옵소서.

주님, 저는 하나님의 걸작품입니다.

하나님께서 심혈을 기울여 지으신 것이 바로 저입니다.

사람들의 말로 저의 가치가 결정되지 않습니다.

저의 가치는 하나님께서 결정하십니다.

저는 예수님의 핏값으로 사신 예수님짜리입니다.

저는 하나님의 자녀, 왕의 자녀입니다.

저는 예수님 안에서 새롭게 지어진 존재입니다.

부족한 부분이 있어도 그것과 상관없이

주님은 저를 사랑하십니다.

저도 이런 자신을 인정하고 받아들일 수 있도록

주님, 도와주시옵소서.

또한 저 자신을 용서할 뿐만 아니라

저에게 죄지은 사람을 용서할 수 있도록 도와주시옵소서.

한 사람이면 패하겠거니와 두 사람이면 맞설 수 있나니

세 겹 줄은 쉽게 끊어지지 아니하느니라 전 4:12

주님,

힘들 때 힘들다고 마음속 이야기를 나눌 수 있는

친구를 허락해주시옵소서.

마음을 공감해줄 수 있는

좋은 친구를 만나는 복을 주시옵소서.

진심으로 같은 편이 되어주는

좋은 친구를 만나는 복을 주시옵소서.

있는 그대로 좋아해줄 수 있는

좋은 친구를 만나는 복을 주시고

함께 있는 것만으로 편안해지는

좋은 친구를 만나는 복을 주시옵소서.

너무 힘들 때 아무 말 없이 그저 꼭 안아줄 수 있는

좋은 친구를 만나는 복을 주시옵소서.

뿐만 아니라, 혼자 해결하기 위해 애쓰기보다

함께 울어줄 친구에게 도움을 청하고 마음을 나눌 수 있는

용기를 주시옵소서.

우울증이라는 말로 자신의 삶을 합리화하지 않고

이런 자신을 자책하지도 않게 해주시옵소서.

주님, 이제 집에만 있지 않고,

조금씩 외출하는 시간을 가져보겠습니다.

여행도 다니고, 뭔가 새로운 것을 배우기도 하고,
친구도 만나겠습니다.
가벼운 운동도 시작하고, 하고 싶은 말이 있으면 참지 않고
조금씩 마음속 이야기도 용기 내 해보겠습니다.

여호와께 구속받은 자들이 돌아와 노래하며
시온으로 돌아오니 영원한 기쁨이 그들의 머리 위에 있고
슬픔과 탄식이 달아나리이다 사 51:11

주님께서 우리를 이 우울의 늪에서 구속하시고
즐겁게 노래하게 하시고
영원한 기쁨을 누리게 하실 것을 믿습니다.
모든 슬픔과 탄식이 사라질 줄 믿습니다.
주님, 감사합니다.
우리 안에서 새 일을 행하실 주님을 찬양합니다.

모든 슬픔과 탄식을 기쁨으로 바꾸시는
예수님의 이름으로 기도드립니다. 아멘.

외로운 마음을 다스리는 기도

외로운 마음

주여 나는 외롭고 괴로우니
내게 돌이키사 나에게 은혜를 베푸소서 시 25:16

"주님, 저 외로워요.
주님의 은혜가 필요해요."
주님, 다윗이 외로움에 빠져 괴로울 때
주님께 나아가 은혜를 구했던 것처럼
이 시간 외로움에 허덕이는 사랑하는 자녀들이
은혜를 구합니다.

아무도 없는 빈집에서 일터에 나간 부모님을 기다려야 했던
어린 시절의 외로움이 여전히 아픔으로 다가옵니다.

학교와 직장에서, 또 가정에서 따돌림당하기도 했고,
자신도 모르게 쏟아져 나오는 분노로
사랑하는 사람들을 떠나보내기도 했습니다.
성공해야 한다는 압박감에 주변 사람들을 돌아보지 못했고,
바쁘다는 이유로 하나님을 만나는 시간조차
형식적으로 보냈습니다.
아무도 자신에게 관심 없는 것처럼 느껴지고,
쓸모없는 사람처럼 느껴져 외롭습니다.
많은 사람과 함께 있어도 외로움이 밀려오고
사랑하는 사람과 함께 있어도 외롭습니다.
외로운 마음에 너무 쉽게 사람을 믿다 보니
사람에 속아 상처받았습니다.
인간관계가 참 어렵게 느껴지고
인생이 너무 불공평하게 느껴집니다.
하나님마저도 자신에게 관심 없는 것 같고
살아야 하는 이유조차 희미해지고
이 큰 우주에 혼자 던져진 것처럼 느껴집니다.

주님, 이 외로움의 수렁에서 건져주시옵소서.
겟세마네 동산에서 혼자 외롭게 울부짖으셨던
예수님을 생각합니다.

사람들에게 배신당하고 하나님께마저 버림받으셨던 주님.

주님은 우리의 마음을 아시죠.

주님, 외로움의 늪에 허우적거리는

당신의 자녀들을 불쌍히 여겨주시옵소서.

외로움을 잊기 위해 빠져 있었던

모든 삶의 자리에서 건져주시옵소서.

게임 중독에서 건져주시고

포르노 중독에서 건져주시고

일과 스포츠와 다양한 문화 콘텐츠의 중독에서

건져주시옵소서.

하나님으로부터 시선을 돌리게 했던

모든 죄의 길에서 돌이키게 하시고,

사랑하는 사람들을 바라보지 못하게 했던

모든 것에서 건져주시옵소서.

이 시간 나사렛 예수 그리스도의 이름으로 명하노니

외로움의 영은 떠나갈지어다.

낮은 자존감과 열등감도 떠나갈지어다.

자기 연민도 떠나갈지어다.

자신을 비판하는 생각도 떠나가고,

삶을 한탄하는 마음도 떠나갈지어다.

주님의 십자가 보혈로 모든 상한 마음을 덮어주시옵소서.

주님의 영광스러운 임재로 가득 채워주시옵소서.

주님, 사도 요한은 밧모섬에 유배되어 홀로 있을 때

외로움에 빠져 우울한 나날을 보낸 것이 아니라

오히려 하나님과 더 깊은 교제 가운데

주님의 놀라운 음성을 들었던 것을 기억합니다.

볼지어다 내가 문밖에 서서 두드리노니

누구든지 내 음성을 듣고 문을 열면 내가 그에게로 들어가

그와 더불어 먹고 그는 나와 더불어 먹으리라 계 3:20

주님,

이 시간 외로움이라는 감정을 통해

우리의 마음을 두드리고 계심을 압니다.

외로움이 들려주는 소리가 아니라

내면 깊은 곳에서 들려오는 하나님의 음성에

귀 기울이게 해주시옵소서.

이 시간 외로움에 지친 사랑하는 아들딸들을

품에 꼭 안아주시고,

따뜻하고 부드러운 음성으로 말씀하여 주시옵소서.

"괜찮아. 외로워하지 않아도 돼.
너는 혼자가 아니야.
너는 혼자가 아니야.
내가 너와 함께 있어."

주님,
주님의 품에 안겨 사랑하는 주님의 음성을 들을 때
우리의 영혼이 평안합니다.
우리의 영혼이 충만합니다.

내 형질이 이루어지기 전에 주의 눈이 보셨으며
나를 위하여 정한 날이 하루도 되기 전에
주의 책에 다 기록이 되었나이다 시 139:16

주님은 우리가 엄마 배 속에 있을 때부터 우리를 아셨고
우리가 이 땅에 오기 전부터 이미 우리를 보고 계셨고
우리를 위한 놀라운 삶을 계획하신 분이십니다.

주님,
이제부터 주님으로 우리의 생각을 가득 채우겠습니다.
주님께서 우리를 얼마나 소중히 여기시는지 기억하겠습니다.

주님은 우리의 모든 죄를 다 아시면서도

아무런 조건 없이 우리를 사랑하시고

우리보다 먼저 우리를 사랑하셨습니다.

우리를 위해 십자가에 돌아가심으로

우리의 모든 죄를 용서하시고

우리를 당신의 자녀로 삼으셨습니다.

단 한 순간도 우리를 위한 기도를 멈추지 않으시고

우리의 가장 친한 친구가 되어주셨습니다.

주님, 꼭 잡은 이 손을 절대 놓지 않으시고

언제나 우리와 함께하시겠다 약속해주시니 감사합니다.

주님, 이제 스스로 외로움을 자처하지 않겠습니다.

자기 연민에 빠져 지내지 않겠습니다.

외로움에 이끌려 외로움을 풀어줄 누군가를

찾아다니는 삶을 살지 않겠습니다.

주님, 아무도 없는 것 같아 외로웠는데

돌아보면 저를 걱정해주는 소중한 가족이 있고,

저를 이해해주는 교회 공동체가 있고,

제 편이 되어준 친구들이 있었습니다.

외로워하던 아담에게 돕는 배필을 허락하신 주님께서

오늘 외로워하는 당신의 자녀들에게

보내주신 믿음의 동역자들입니다.
주님께서 보내주신 소중한 사람들을
이제 여유를 가지고 돌아보게 하시고
그들을 향해 나아갈 용기를 주시옵소서.
외로움을 풀기 위해 누군가를 찾아다니는 것이 아니라
외로워하는 누군가에게 다가가
그들의 위로자가 되게 해주시옵소서.
상처받은 마음으로 누군가에게 상처를 주는 것이 아니라
상처받은 치유자로 쓰임 받는 삶이 되게 해주시옵소서.

"너무 좋아. 매력 있어.
사람들이 너를 좋아할 거야. 너는 잘될 거야."

우리를 바라보시며 말씀하시는 주님의 음성을 기억하며
오늘도 당당하게 살아가겠습니다.
주님, 감사합니다.

세상 끝날까지 우리와 함께하시겠다 약속하신
예수님의 이름으로 기도드립니다. 아멘.

자존감을 높이는 기도

하나님이 자기 형상 곧 하나님의 형상대로

사람을 창조하시되 남자와 여자를 창조하시고

하나님이 그들에게 복을 주시며 하나님이 그들에게 이르시되

생육하고 번성하여 땅에 충만하라, 땅을 정복하라,

바다의 물고기와 하늘의 새와 땅에 움직이는 모든 생물을

다스리라 하시니라 창 1:27,28

하나님이 지으신 그 모든 것을 보시니

보시기에 심히 좋았더라 창 1:31

사랑하는 주님,

저는 하나님의 형상대로 창조된 놀라운 창조물입니다.

하나님의 걸작품입니다.

하나님께서 저를 지으시고 저를 처음 보셨을 때

그렇게 기뻐하셨다고 하시니 얼마나 행복한지 모릅니다.

저를 지으시고 가장 먼저 하신 일이

저를 축복하신 일이라고 하시니 얼마나 감사한지 모릅니다.

주님, 제 삶이 주님의 축복대로 이 땅에 충만해지게 하시고,

정복하고 다스리는 삶이 되게 해주시옵소서.

주님,

저의 가치는 사람들에 의해 결정되지 않습니다.

저의 가치는 저의 성취에 있지도 않습니다.

저의 가치는 이미 하나님에 의해 결정되었습니다.

아무리 오랜 시간이 흘러도

결코 하나님께서 포기할 수 없는 존재가 바로 저입니다.

저를 구하시기 위해 하나님께서

직접 이 땅에 오셔야 할 만큼 저는 소중한 존재입니다.

예수님이 십자가에서 대신 돌아가실 만큼

하나님께서 저를 귀하게 여겨주셨습니다.

온 세상이 저를 손가락질해도 주님은 저를 믿어주시고

온 세상이 저에게서 등을 돌려도 주님은 저와 함께하시며

온 세상이 저를 향해 돌을 던져도

주님은 저를 포기하지 않으셨습니다.

주님, 이제 저 자신을 더욱더 소중히 여기겠습니다.
저 자신을 아끼고 보살피겠습니다.
제가 어떤 존재인지 분명하게 기억하고
얼마나 아름다운 존재인지 생각하며 살겠습니다.
더는 다른 사람을 부러워하지 않겠습니다.
더 이상 가족과 친구와 동료들과
저 자신을 비교하지 않겠습니다.
사람들과 비교하고 경쟁하는 데
에너지를 허비하지 않겠습니다.
제게 없는 것을 붙들고 살지 않겠습니다.

하나님께서 지으신 저의 모습으로 살아가겠습니다.
하나님께서 지으신 진짜 내가 되어 살겠습니다.
하나님께서 제게 주신 것으로 살아가겠습니다.
제게 허락하신 저의 길을 걸어가겠습니다.
주님, 제가 모든 것을 다 잘할 수 없다는 것을
인정하게 해주시옵소서.
하나님께서 완벽한 저를 원하시는 것이 아님을
기억하게 해주시옵소서.

다른 사람들이 잘하는 것을 볼 때
시기질투하는 것이 아니라 그들의 노력을 인정하고
진심으로 축복할 수 있는 마음을 주시옵소서.
그리고 제가 잘하는 것이 무엇인지 생각하고
제가 잘하는 것에 집중하며 살아가게 해주시옵소서.
저를 있는 모습 그대로 인정하고
제게 주신 것에 만족하며 저 자신을 사랑하게 해주시옵소서.

주님,
언제나 저보다 앞선 사람이 있게 마련이고
저보다 뛰어난 능력을 갖춘 사람이 있게 마련입니다.
그런 사람들과 비교하면서 자기 연민에 빠지지 않고
저 자신이 되어 살아가게 해주시옵소서.
하나님의 꿈과 사명을 이루는 데 필요한 모든 것이
이미 제 안에 있다는 것을 믿고
다른 사람과 경쟁하는 삶을 멈추게 해주시옵소서.
여전히 마음속에서 끝없는 전쟁이 일어나지만,
주님, 제가 이 싸움에 말려들지 않겠습니다.
저 자신을 비난하는 생각을 멈추겠습니다.
저를 비난했던 사람들의 말을 떠올리지 않겠습니다.
의지를 가지고 하나님의 말씀에 귀 기울이겠습니다.

힘을 내서 하나님의 말씀을 선포하겠습니다.

믿음으로 하나님의 말씀을 붙들겠습니다.

주님, 제가 실수했을 때

저를 자책하고 그 자리에 머무는 것이 아니라

하나님의 은혜를 구하며 앞으로 나아가게 해주시옵소서.

주님께서 저를 비난하지 않으시고 저를 용서하시며,

그럼에도 불구하고 저를 사랑하신다는 사실을

기억하게 해주시옵소서.

저의 실수보다 하나님의 은혜가 훨씬 더 크다는 것을

기억하게 해주시옵소서.

주님은 저의 실수까지도 놀랍게 사용하실 것을 믿습니다.

저는 실수를 통해서도 성장할 것입니다.

이제 저의 부족함에 안달하지 않고 있는 그대로

좋게 바라볼 수 있는 예수님의 마음을 주시옵소서.

제가 어찌할 수 없는 일에 시간과 에너지를 낭비하지 않는

지혜를 주시옵소서.

제 안에 있는 부정적인 생각들,

제 삶에 자리잡은 우울한 생각들,

제 몸에 배어버린 나쁜 습관들을

벗어버리는 결단력을 주시옵소서.

자기 연민에 빠져 불행한 삶을 살지 않게 해주시고
어깨를 펴고 고개를 들고 당당하게 걸어가게 해주시옵소서.
지금 있는 이곳에서 말씀의 꽃을 피우고 말씀의 열매를 맺는
축복의 삶이 되게 해주시옵소서.

진리를 알지니 진리가 너희를 자유롭게 하리라 요 8:32

예, 주님.
우리 주 예수 그리스도의 십자가 은혜로
제가 자유케 되었습니다.
외모에 대한 열등감으로부터 자유케 되었습니다.
가정에 대한 열등감으로부터 자유케 되었습니다.
가난에 대한 열등감으로부터 자유케 되었습니다.
학벌에 대한 열등감으로부터 자유케 되었습니다.
이 시간 모든 열등감으로부터 자유케 되었음을 선포합니다.
비교의식으로부터 자유케 되었습니다.
패배의식으로부터 자유케 되었습니다.
이기심으로부터 자유케 되었고
자기중심적인 생각으로부터 자유케 되었습니다.
질투하는 마음으로부터 자유케 되었고
미워하는 마음으로부터 자유케 되었습니다.

상처로부터 자유케 되었고 과거로부터 자유케 되었습니다.

불안과 두려움과 우울과 외로움으로부터 자유케 되었고

모든 시선으로부터 자유케 되었음을 선포합니다.

주님, 저는 자유합니다.

저는 이제 자유합니다.

그리스도 안에서 자유케 되었습니다.

이것은 변함없는 진리입니다.

그 진리 안에서 이제 자신감이 넘쳐납니다.

저를 사랑하는 마음이 넘쳐납니다.

저를 소중하게 여기는 마음이 가득하고

사람들을 축복하는 마음이 가득합니다.

사람들이 잘되기를 바라는 마음이 제 안에 가득합니다.

여호와여 사람이 무엇이기에 주께서 그를 알아주시며

인생이 무엇이기에 그를 생각하시나이까 시 144:3

사랑하는 주님,

제가 무엇이기에 주님께서 저를 아시고

제가 무엇이기에 오늘도 저를 생각해주시는지

그저 은혜이고, 그저 감사입니다.

주님,

주님의 사랑이 제 마음 깊은 곳에서 느껴지고

주님의 은혜가 제 영혼 깊은 곳에서 느껴집니다.

주님의 사랑보다 강력한 것은 없습니다.

주님, 사랑합니다.

저를 지으시고 저를 구원하신

예수님의 이름으로 기도드립니다. 아멘.

자신감을 얻는 기도

범사에 감사하라 이것이 그리스도 예수 안에서

너희를 향하신 하나님의 뜻이니라 살전 5:18

살아계신 주님,

새날을 허락하시고, 기도로 하루를 열게 하시니 감사합니다.

주님, 감사하면 감사할수록

감사할 일들이 더욱더 풍성해지는 것을 압니다.

오늘 하루를 살아가면서

주어진 모든 상황과 모든 사람과 모든 일에

감사하는 마음으로 살아가게 해주시옵소서.

하나님은 모든 것을 창조하신 창조주 하나님이십니다.

온 우주 만물을 다스리고 섭리하시는 전능하신 분이십니다.

하나님은 모든 것이 가능하고,

하나님께는 모든 것이 쉬운 일입니다.

그 하나님이 바로 저의 하나님이심을 믿습니다.

저보다 저를 더 사랑하시고 누구보다 저를 잘 아시는 분이

여호와 하나님이십니다.

언제나 제 마음의 소리에 귀 기울이시고

제 마음의 소원을 아시는 주님께서

저와 함께하시며 저를 도우심을 믿습니다.

주님, 저는 하나님의 형상대로 창조되었고

하나님의 은혜로 구원받은 하나님의 자녀입니다.

저의 아빠 아버지가 되시는 하나님,

하나님께서 저를 얼마나 귀하게 여기시는지

하나님께서 저를 얼마나 소중하게 여기시는지

하나님의 눈에 제가 얼마나 아름다운 존재인지

기억하며 살겠습니다.

할 수 있거든이 무슨 말이냐

믿는 자에게는 능히 하지 못할 일이 없느니라 막 9:23

"사랑하는 딸아, 사랑하는 아들아,

나는 네가 참 좋아.

네가 무슨 생각을 하고 있는지

네가 무슨 꿈을 꾸고 있는지 말해줄 수 있겠니?

너는 무엇을 원하니?

네가 원하는 것이 무엇이든

나는 그것보다 훨씬 더 크다는 것을 기억하렴.

네가 꿈꾸는 것보다 더 놀라운 삶을 살게 해주고

네가 기도하는 것보다 더 풍성하게 채워줄 거야.

내가 너를 도와줄 거야.

그러니 용기를 내. 자신감을 가져."

예, 주님. 우리 앞에 있는 그 어떤 문제보다

하나님은 훨씬 더 크고 놀라운 분이십니다.

그 주님께서 함께하시기에 능치 못할 일이 없습니다.

내게 능력 주시는 자 안에서

내가 모든 것을 할 수 있느니라 빌 4:13

그래요. 주님. 주님께서 함께하시기에

어떤 상황에서도 저는 잘 살아낼 수 있습니다.

칼과 창을 두려워하지 않겠습니다.

만군의 여호와의 이름을 의지해 담대하게 나아가겠습니다.

창조주 하나님께서 저와 함께하시고

전능하신 하나님께서 저를 도우시기에

주님, 저는 자신 있습니다.

이 시간 하나님의 지혜와 능력이 제게 임하고,

하나님의 사랑이 제게 임할 것을 믿습니다.

오늘도 모든 면에서 자라나고 성장하는 하루가 될 것입니다.

성령으로 충만하고

하늘로부터 임하는 영감이 가득할 것입니다.

오늘도 주님의 음성을 들려주시고,

말씀을 따라 순종하며 나아갈 때

기적이 일어날 줄 믿습니다.

하나님, 하나님께서 허락하신 소중한 하루입니다.

주님께서 허락하신 이날을 기뻐하겠습니다.

주님께서 함께하시기에 오늘은 최고의 날이 될 것입니다.

특별한 하루가 되고, 놀라운 일들이 일어날 것입니다.

주님, 제가 기쁨을 선택하고 감사를 선택하겠습니다.

사랑을 선택하고 희망을 선택하겠습니다.

행복을 선택하고 거룩을 선택하겠습니다.

제 삶에 일어난 모든 일을 감사히 여기겠습니다.

다행이라 여기겠습니다.

모든 것이 잘된 일이라 믿고 기쁨으로 받아들이겠습니다.

억지로 살지 않겠습니다.

즐거운 마음으로 살겠습니다.

좋아하는 일을 하며 살겠습니다.

사랑하며 살겠습니다. 사이좋게 지내겠습니다.

나누고 베푸는 풍성한 삶을 살아가겠습니다.

과거에 묶여 있지도 않고 미래에 매여 있지도 않고,

지금 이 순간을 살아가겠습니다.

지금 이 순간을 잘 누리겠습니다.

주님, 도와주시옵소서.

주님, 오늘도 주님께서 함께하시기에

제 안에 열정이 솟아납니다.

생기가 돌고, 생명력이 넘쳐납니다.

무엇을 해도 잘될 것 같은 예감이 듭니다.

기분이 좋습니다. 기운이 넘칩니다. 자신감이 있습니다.

모든 것이 잘될 것입니다.

하나님께서 잘되게 하실 것입니다.

좋은 일이 생기고, 점점 더 좋아질 것을 믿습니다.

제 안에 계신 성령 하나님께서

제 삶을 놀랍게 인도해가실 것을 믿습니다.

주님, 오늘 하루도 긍정적인 태도와 살리는 언어로
제 주변까지 선한 영향력이 흘러가게 해주시옵소서.
제 삶이 다른 사람에게 도움이 되고,
축복이 되는 삶이 되게 해주시옵소서.

진리를 알지니 진리가 너희를 자유롭게 하리라 요 8:32

예, 주님. 주님께서 저를 자유케 하셨습니다.
십자가 은혜가 저를 자유케 했습니다.
자유롭게 생각하고, 자유롭게 말하고, 자유롭게 꿈꾸면서
주님께서 허락하신 자유를 마음껏 누리겠습니다.
주님께서 주신 이 자유로
하나님을 더욱더 사랑하고 이웃을 더욱더 사랑하며
오늘 저에게 허락하신 삶을 더욱더 사랑하겠습니다.
주님, 오늘도 함께해주셔서 감사합니다.
주님께서 함께하시니 제 마음이 든든합니다.
힘이 납니다. 자신감이 솟아납니다.
주님, 감사합니다.

저의 힘과 능력이 되시는
예수님의 이름으로 기도드립니다. 아멘.

불면증을 이기는 기도

인간이 느낄 수 있는 가장 큰 고통 중 하나가 잠을 자지 못하는 고통이라고 합니다. 불면증은 정말 고통스럽습니다. 잠을 깊이 자지 못하면 신경이 예민해지고, 정신이 몽롱해서 일상생활의 리듬이 깨지고, 몸의 면역력도 떨어지게 됩니다.

잠을 깊이 자는 것이 중요하지만 나이가 들수록 수면 장애가 심해지고 갱년기의 호르몬 변화로 불면증에 시달리는 분들도 많습니다. 뒤척이는 시간이 많아지고, 불안감이나 압박감 때문에 생각이 쉬지를 못하고, 걱정과 두려움 때문에 마음이 쉬지를 못합니다. 잠을 자려고 노력하면 노력할수록 잠이 더 달아나게 되고, 작은 소리에도 예민해집니다.

전문가들은 하루에 7-9시간 정도의 충분한 수면을 취하는 것이 좋다고 하는데요, 깊은 수면을 위해서는 규칙적인 생활 리듬을 찾는 것이 도움이 됩니다. 규칙적으로 잠이 드는 것은 우리의 의지로 안 될 수 있지만, 규칙적으로 자리에 눕거나 규칙적으로 식사를 하는 것은 우리가 할 수 있습니다. 그것부터 시작하는 것이 도움이 됩니다. 또 낮에 운동을 하고 자기 전에 따뜻한 물로 샤워를 하는 것도 깊은 수면에 도움이 됩니다.

이 기도문은 수면이 힘든 분들을 돕기 위한 것으로, 먼저 낮에 한 번 드리고 자기 전에 한 번 더 드리면 더 도움이 됩니다. 영상을 통해 귀로 들으며 마음으로 기도를 드리는 것도 도움이 될 것입니다. 우리의 기도를 들으시는 하나님께서 불면증을 치료해주실 것을 믿고 함께 기도하겠습니다.

먼저 숨기도로 시작하겠습니다.

이제 모든 생각을 멈추고, 우리의 모든 무거운 짐을 대신 짊어져주시는 예수님을 마음속으로 바라보겠습니다.

이제 온몸에 힘을 쭉 뺍니다.

얼굴도 편안하게 하고 어깨도 천천히 긴장을 풉니다.

가슴과 배와 팔과 다리도 힘을 빼고 편안하게 합니다.

몸의 불편한 부분이 없도록 자세를 편안하게 합니다.

오늘 있었던 모든 일을 예수님께 내려놓읍시다.

마음을 불안하게 하는 모든 일을 예수님 앞에 내려놓습니다.

걱정되고 근심이 되는 모든 생각을 멈추고

잠을 자야 한다는 생각조차 내려놓읍시다.

그리고 예수님이 나를 꼭 안아주시는 모습을 상상해봅시다.

예수님이 나를 사랑하신다는 한 가지 사실만 생각하겠습니다.

몸과 마음을 편안하게 하고 심호흡을 하겠습니다.

숨을 깊이 들이마시고 천천히 내쉬며 저를 따라 기도합니다.

아버지, 감사합니다.

다시 숨을 깊이 들이마십니다. 천천히 내쉬면서

예수님, 사랑합니다.

다시 한번 숨을 깊이 들이마십니다.

잠시 멈췄다가 천천히 내쉬면서

성령님, 이 시간 임하소서.

이제 편안하게 숨을 쉬는데, 숨을 들이마실 때마다 신선한 공기가 내 몸으로 들어오고, 숨을 내쉴 때는 내 안에 있는 모든 불안과 두려움이 빠져나간다고 생각하면서 편안하게 숨을 쉬겠습니다. 마음이 고요해지고, 차분하고 느긋해지는 것을 느껴봅시다.

사랑하는 주님.

어린 시절에는 눕기만 해도 잠을 잘 잤는데

요즘엔 생각이 많아서인지 잠을 이루지 못하고 있습니다.

자려고 누우면 생각이 멈춰지지 않습니다.

생각이 꼬리에 꼬리를 물고 이어지다 보면

몸도 마음도 지쳐 쉴 수가 없습니다.

거친 풍랑에 흔들리는 배에서도 깊이 주무셨던 예수님처럼

흔들어 깨워도 일어나지 못할 정도로

오늘 깊이 잠이 들게 해주시옵소서.

잠이 안 오면 책을 볼 수도 있고 기도를 할 수도 있으니

꼭 잠을 자야 한다는 압박감을 내려놓습니다.

빨리 잠들어야 한다는 조급함도 내려놓습니다.

잠을 못 자서 내일 하루를 망치면 어떻게 하나 하는

염려까지도 다 내려놓겠습니다.

성령님, 이 시간 저의 머리에 안수해주시옵소서.

부드러운 손길로 저의 얼굴을 쓰다듬어 주시고

긴장하고 있는 제 어깨를 토닥여주시고

떨리는 제 손을 꼭 붙잡아주시옵소서.

어린아이를 안아주신 주님께서 저를 꽉 안아주시고

제자들의 발을 씻기신 예수께서 저의 발을 만져주시옵소서.

주님의 가슴에 기대었던 사랑하는 제자처럼
저도 주님의 가슴에 기대어 쉼을 얻게 해주시옵소서.

주께서 내 마음에 두신 기쁨은 그들의 곡식과
새 포도주가 풍성할 때보다 더하니이다
내가 평안히 눕고 자기도 하리니
나를 안전히 살게 하시는 이는 오직 여호와이시니이다 시 4:7,8

주님, 감사합니다.
주님께서 제 마음에 주신 기쁨이 얼마나 풍성한지요.
주님의 사랑 안에서 제 영혼이 안전합니다.
오늘도 평안히 눕게 하시고 깊이 잠들게 하시는
주님의 사랑에 감사드립니다.
누구도 주목하지 않았던 저를 창조주 하나님께서
선택해주시니 이것이 웬 은혜입니까.
주님, 감사합니다.
용서받을 자격 없는 저를 용서해주시고,
아무런 조건도 묻지 않으시고 저를 구원해주시니
주님, 고맙습니다.
제가 넘어질 것을 알면서도 저를 사랑해주시고,
감당할 수 없는 큰 은혜와 축복을 주시니

주님, 감사합니다.

날마다 저와 함께하시며 제 삶을 인도해가시는

주님을 찬양합니다.

내가 누워 자고 깨었으니 여호와께서 나를 붙드심이로다

천만인이 나를 에워싸 진 친다 하여도

나는 두려워하지 아니하리이다 시 3:5,6

주님,

아무리 괴로운 일이 있어도 저는 두렵지 않습니다.

오늘도 저를 붙드시는 주님이 계시기에 깊이 잠들고,

상쾌하게 아침을 맞이하게 될 것을 믿기 때문입니다.

저에게 큰일도 하나님께는 아무것도 아닙니다.

크신 하나님께서, 잠을 자는 동안 저의 모든 것을

좋게 하실 것을 믿습니다.

가정에도 좋은 소식이 들려오고

일터에도 좋은 소식이 들려오고

교회에도 좋은 소식이 가득하게 될 것을 믿습니다.

이제 선하신 주님께 다 맡기고 저는 안식하겠습니다.

비록 바로 잠들지 못해도

이 시간 예수님이 함께하신다는 그 사실만으로도

주님, 저는 그저 감사할 따름입니다.

주님, 저는 주님과 함께 하는 이 시간이 참 좋습니다.

주님의 크신 사랑으로 마음에 평안이 느껴집니다.

그러므로 내일 일을 위하여 염려하지 말라

내일 일은 내일이 염려할 것이요

한 날의 괴로움은 그 날로 족하니라 마 6:34

예, 주님.

내일에 대한 모든 염려를 내려놓습니다.

모든 스트레스를 내려놓습니다.

불안하고 두려운 마음에 평안을 주시고

지친 마음에 쉼과 안식을 허락해주시옵소서.

'나는 왜 이럴까, 내 인생은 왜 이럴까'

저를 비난하거나 자책하지 않겠습니다.

저를 정죄하지 않겠습니다.

지나간 일들을 후회하지 않겠습니다.

제 머릿속을 가득 채운 생각을 내려놓게 하시고,

주변에서 들려오는 소리에 예민해진 제 마음을

둔감해지게 해주시옵소서.

주변의 소리들을 무시할 수 있는 마음을 주시고

짜증나게 하는 것들로부터 무감각해지고
무심해지게 해주시옵소서.
판단하는 마음을 내려놓고 모든 일을 그냥 있는 그대로
바라볼 수 있는 마음을 주시옵소서.

주님, 이제 주변의 상황에 흔들리지 않겠습니다.
사람들이 했던 말에 마음을 빼앗기지 않겠습니다.
잠잠히 주님을 바라보고
고요히 주님의 얼굴을 구하겠습니다.
잠에 대한 조급함을 내려놓고, 마음에 여유를 갖겠습니다.
모든 불면증을 치료해주실 주님을 신뢰하며
느긋한 마음으로 기다리겠습니다.

여호와께서 너를 실족하지 아니하게 하시며
너를 지키시는 이가 졸지 아니하시리로다
이스라엘을 지키시는 이는 졸지도 아니하시고
주무시지도 아니하시리로다 시 121:3,4

예, 주님.
오늘 밤도 졸지도 아니하시고 주무시지도 아니하시며
저를 안전하게 지켜주실 것을 믿습니다.

제가 실족하지 않도록 저를 보호해주시는

주님을 의지합니다.

그 주님 앞에 모든 것을 내려놓습니다.

분주한 마음을 내려놓고 예민해진 마음도 내려놓습니다.

부정적인 생각과 두려운 마음까지도 다 내려놓습니다.

주님, 이 시간 제 마음에 오셔서 다스려주시옵소서.

제 마음에 평안을 주시고, 안식을 주시옵소서.

주님의 사랑 안에서 모든 긴장이 풀어지게 해주시옵소서.

잠을 자는 동안 면역력이 올라가게 하시고,

호르몬이 균형을 찾게 하시고,

정서적인 안정을 얻게 해주시옵소서.

깊은 숙면을 취하고

상쾌한 기분으로 아침을 맞이하게 될 줄 믿습니다.

주님, 역사해주시옵소서.

그러므로 여호와께서 그의 사랑하시는 자에게는

잠을 주시는도다 시 127:2

사랑하는 자에게 단잠을 주시는 하나님,

오늘은 잠을 잘 자게 될 줄 믿습니다.

깊은 안식을 누리게 될 줄 믿습니다.

편안하게 잠이 들고

잠에 취해 곯아떨어지게 될 줄 믿습니다.

성령 하나님의 신비로운 기운이

저의 온몸을 감싸고 있음을 느끼며,

제 마음을 시원하게 하시고

제 몸을 따뜻하게 하게 하시는 하나님의 손길을 느낍니다.

주님의 평온함이 찾아오고

불면증이 깨끗하게 치료되었음을 믿습니다.

이 시간 깊이 잠들게 하시고

내일 아침이면 개운하고 상쾌한 기분으로

하루를 시작하게 될 줄 믿습니다.

네가 누울 때에 두려워하지 아니하겠고

네가 누운즉 네 잠이 달리로다 잠 3:24

주님,

제가 주님을 신뢰하고 주님을 의지합니다.

내일은 좋은 일이 있을 것입니다.

하나님의 기적이 일어나게 될 것입니다.

놀라운 하루가 될 것입니다.

그렇기에 오늘은 평안한 가운데 잠자리에 들겠습니다.

이 시간 마음이 차분해지게 하시고

편안하게 누워 단잠을 자게 해주시옵소서.

잠을 자려고 노력하지 않겠습니다.

그저 주님께서 주시는 쉼과 안식을 누리며

주님께서 주실 단잠을 느긋하게 기다리겠습니다.

주님의 부드럽고 따뜻한 품에 안겨서

진한 사랑을 느끼며 잠이 들게 하옵소서.

주님, 사랑합니다.

주님, 감사합니다.

주님, 찬양합니다.

저를 사랑하시고 제게 단잠을 주시는

예수님의 이름으로 기도드립니다. 아멘.

셋째 주에는 눈에 보이는 세상을 넘어 영적인 세계를 위해 기도할 것입니다. 우리의 삶은 눈에 보이는 세상이 아니라, 눈에 보이지 않는 영적인 세계에 의해 움직이고 있습니다. 이곳에서 승리할 때 우리는 비로소 완벽한 승리를 얻게 됩니다(엡 6:12).

기도는 가장 강력한 영적 무기입니다. 기도를 통해 하나님의 음성을 듣고, 하나님의 보호를 받고, 하나님의 인도를 받을 수 있어야 합니다. 우리 안에 있는 모든 어둠의 영을 몰아내고 우리 영혼이 하나님의 성령으로 충만해지도록 함께 기도합시다.

온전한
영적 승리를 위한
기도

하나님의 음성을 듣는 기도

하나님의 음성

사랑하는 주님,

이 시간 주님의 음성에 목마른 자녀들에게

주님의 음성을 들려주시옵소서.

주님께서 말씀하여 주시옵소서.

저들의 영혼을 살리고 심령을 깨우고

가슴을 흔드는 하나님의 음성을 들려주시옵소서.

하나님, 하나님은 제가 좋으세요?

하늘로부터 소리가 있어 말씀하시되

이는 내 사랑하는 아들이요 내 기뻐하는 자라 하시니라

마 3:17

그럼, 나는 네가 참 좋아.

너의 모습이 너무 사랑스럽고 너의 삶이 참 자랑스러워.

내가 너를 얼마나 사랑하고 있는지 기억하렴.

내 마음의 중심에는 항상 네가 있단다.

너의 하나님 여호와가 너의 가운데에 계시니

그는 구원을 베푸실 전능자이시라

그가 너로 말미암아 기쁨을 이기지 못하시며

너를 잠잠히 사랑하시며 너로 말미암아 즐거이 부르며

기뻐하시리라 하리라 습 3:17

사랑하는 딸아, 사랑하는 아들아

나는 너와 함께 있을 때가 참 좋아.

언제나 네가 보고 싶고,

네가 어떻게 지내는지 궁금하고 네 마음이 어떤지 궁금해.

너를 보고 있는 것만으로 행복하고

너를 보고 있으면 웃음이 나.

너는 나의 기쁨이란다.

너희에게는 머리털까지 다 세신 바 되었나니

두려워하지 말라 너희는 많은 참새보다 귀하니라 마 10:30,31

사랑하는 아들아, 사랑하는 딸아

참새 한 마리까지 세심하게 돌보는 내가

어떻게 너를 그냥 두고 볼 수 있겠니.

걱정하지 말고, 두려워하지 마.

내가 너와 함께할 거야.

하나님, 하나님께서 저를 떠나시면 어떻게 하나 두려워요.

곧 창세 전에 그리스도 안에서 우리를 택하사

우리로 사랑 안에서 그 앞에 거룩하고 흠이 없게 하시려고

그 기쁘신 뜻대로 우리를 예정하사 예수 그리스도로

말미암아 자기의 아들들이 되게 하셨으니 엡 1:4-7

내 딸아, 내 아들아

네가 나를 선택하기 전에

내가 너를 먼저 선택했다는 것을 기억하렴.

네가 나를 사랑하기 전에

내가 너를 먼저 사랑했다는 것을 기억해.

예수 그리스도의 십자가 능력으로

너는 이제 거룩하고 흠이 없는 존재가 되었어.

너는 내 자녀가 된 거야.

사랑하는 딸아, 사랑하는 아들아

너는 내 딸이고, 내 아들이야. 내가 네 아빠야.

이것은 결코 변하지 않아.

여호와 그가 네 앞에서 가시며 너와 함께하사

너를 떠나지 아니하시며 버리지 아니하시리니

너는 두려워하지 말라 놀라지 말라 신 31:8

사랑하는 딸아, 사랑하는 아들아

이제 두려워하지 않아도 돼.

불안해하지 않아도 돼.

언제나 내가 너보다 먼저 가서 모든 것을 준비해놓을 거야.

내가 너와 항상 함께할 거야.

나는 절대 너를 떠날 수 없고, 결코 너를 버릴 수 없어.

나는 네 아빠거든.

너희가 아들이므로 하나님이 그 아들의 영을

우리 마음 가운데 보내사 아빠 아버지라 부르게 하셨느니라

그러므로 네가 이후로는 종이 아니요 아들이니

아들이면 하나님으로 말미암아 유업을 받을 자니라 갈 4:6,7

사랑하는 아들아, 사랑하는 딸아

너는 더 이상 나의 종이 아니란다.

너는 나의 유업을 받을 나의 자녀란다.

너는 나를 아빠라고 부르면 돼.

언제든지 나를 아빠라고 부르면 돼.

나의 도움이 필요할 때 언제든지 "아빠" 하고 불러.

내가 바로 달려가서 너를 도와줄게.

나의 모든 것을 사용해서 너를 도와줄 거야.

하나님, 저는 어쩌다 이렇게 태어났나요?

주께서 내 내장을 지으시며

나의 모태에서 나를 만드셨나이다

내가 주께 감사하옴은 나를 지으심이 심히 기묘하심이라

주께서 하시는 일이 기이함을 내 영혼이 잘 아나이다

시 139:13,14

사랑하는 딸아, 사랑하는 아들아

너는 부모님의 실수로 태어난 것도 아니고

어쩌다 우연히 지어진 것도 아니란다.

너는 내가 직접 창조한 나의 걸작품이야.

내가 너를 만들고 얼마나 기뻐했는지 넌 아마 모를 거야.

너는 사랑받기 위해 태어났고,

나의 사랑을 보여주기 위해 내가 너를 지었단다.

너를 향한 놀라운 계획이 내 안에 있고

네가 상상조차 할 수 없는 놀라운 가능성과 잠재력이

네 안에 있다는 것을 알게 될 거야.

하나님, 저 같은 과거를 가진 사람에게 소망이 있을까요?

그런즉 누구든지 그리스도 안에 있으면

새로운 피조물이라 이전 것은 지나갔으니

보라 새 것이 되었도다 고후 5:17

사랑하는 딸아, 사랑하는 아들아

너의 과거는 중요하지 않아.

그리스도 안에서 너는 완전히 새로운 피조물이 되었단다.

너는 내 안에서 날마다 다시 태어나는 거야.

이제부터 내가 너와 함께할 거니까 걱정하지 마.

거친 풍랑도 너를 삼키지 못하고

타는 불꽃도 너를 사르지 못할 거야.

내가 너를 지켜줄 거야.

나의 강한 팔로 너를 붙들어줄 거야.

내가 반드시 너를 도와줄 거야.

너는 보배롭고 존귀한 나의 자녀란다.

너처럼 사랑스러운 존재가 어디 있겠니.

하나님, 하나님은 제 맘을 아세요?

여호와여 주께서 나를 살펴보셨으므로 나를 아시나이다

주께서 내가 앉고 일어섬을 아시고

멀리서도 나의 생각을 밝히 아시오며

나의 모든 길과 내가 눕는 것을 살펴보셨으므로

나의 모든 행위를 익히 아시오니

여호와여 내 혀의 말을 알지 못하시는 것이

하나도 없으시니이다 시 139:1-4

사랑하는 딸아, 사랑하는 아들아

너를 만나고 단 한 순간도 너에게서 눈을 뗀 적이 없단다.

내가 너를 눈동자처럼 보살피고 있어.

네가 어디를 가든지 내가 너와 함께하고

네가 무엇을 했는지 내가 다 보았단다.

네가 하는 모든 말을 내가 다 들었고,

네가 말하지 못한 깊은 것까지 내가 다 안단다.

사랑하는 딸아, 사랑하는 아들아

내가 너를 알아.

내가 네 마음을 알아.

하나님, 저는 어떻게 살아야 해요?

너희는 세상의 소금이니

소금이 만일 그 맛을 잃으면 무엇으로 짜게 하리요

후에는 아무 쓸데없어 다만 밖에 버려져

사람에게 밟힐 뿐이니라

너희는 세상의 빛이라

산 위에 있는 동네가 숨겨지지 못할 것이요

사람이 등불을 켜서 말 아래에 두지 아니하고

등경 위에 두나니 이러므로 집 안 모든 사람에게 비치느니라

이같이 너희 빛이 사람 앞에 비치게 하여

그들로 너희 착한 행실을 보고

하늘에 계신 너희 아버지께 영광을 돌리게 하라 마 5:13-16

사랑하는 딸아, 사랑하는 아들아

너는 세상의 소금이고 세상의 빛이야.

소금이 되어가는 것이 아니고 빛이 되어가는 것도 아니야.

너의 모습과 상관없이

너는 소금으로 지어졌고 빛으로 만들어졌다는 것을

기억하렴.

사랑하는 딸아, 사랑하는 아들아

맛을 내는 소금으로 살아가고

세상을 밝히는 빛으로 살아가기를 축복해.

너의 삶이 맛을 내고 빛을 발하게 되기를 내가 기도할게.

하나님, 그 사람 때문에 너무 힘들어요. 저 어떻게 하죠?

나의 유리함을 주께서 계수하셨사오니

나의 눈물을 주의 병에 담으소서

이것이 주의 책에 기록되지 아니하였나이까 시 56:8

눈물이 날 때는 울어도 괜찮아.

우는 것은 부끄러운 것이 아니야.

눈물이 난다는 것은 네가 그만큼 진심이었고

그만큼 최선을 다했다는 것이니까.

울어도 괜찮아. 많이 힘들지?

네가 얼마나 최선을 다하고 있는지 내가 알고 있어.

사랑하는 아들아, 사랑하는 딸아

언제나 내가 너의 등 뒤에 있다는 것을 기억하렴.

내가 너를 안전하게 지키고 있다는 것을 믿어야 해.

사람이 너에게 뭘 어떻게 할 수 있겠니.

너를 무섭게 하고, 너를 힘들게 하는 사람도

내 앞에서는 아무것도 아니란다.

그 사람의 대단함보다 하나님의 위대함을 생각한다면

넌 이 시간을 잘 견뎌내고 이겨낼 거야.

사랑하는 딸아, 사랑하는 아들아

아무리 힘들어도 선을 행하는 것을 멈추지 않길 바라.

바른 선택을 하는 것에 낙심해서는 안 된단다.

당장 눈에 보이는 변화가 없어도

때가 되면 반드시 열매를 맺게 될 거야.

하나님, 왜 제 삶은 이렇게 힘들어요?

그가 찔림은 우리의 허물 때문이요
그가 상함은 우리의 죄악 때문이라
그가 징계를 받으므로 우리는 평화를 누리고
그가 채찍에 맞으므로 우리는 나음을 받았도다 사 53:5

사랑하는 딸아, 사랑하는 아들아
많이 힘들지?
내가 너의 아픔을 안단다.
네가 힘들어하는 그곳에서
나도 함께 힘들었다는 거 알고 있니?
네가 아파할 때 나도 아팠단다.
네가 고난의 자리에 있다는 것으로
내가 너를 사랑하지 않는다고 생각해선 안 돼.
고난이 내가 너를 사랑하지 않는다는 증거가 될 수는 없어.
나도 찔리는 아픔이 무엇인지 알고,
상함의 고통이 무엇인지 알아.
징계받는 두려움이 무엇인지도 알고,
채찍에 맞는 절망이 무엇인지 나도 알아.
그 고난의 시간을 통해 네가 이렇게 성숙해졌고,

고난을 겪어 봤기 때문에

고통받는 자들이 너를 통해 위로를 받게 된 거야.

그리고 네 삶의 끝은 이곳이 아니야.

나는 네가 이곳이 너무 좋아서 네가 가야 할

영원한 나라에 대한 소망을 잊지 않았으면 좋겠어.

그래서 조금의 고난은 우리에게 필요하단다.

내가 너를 사랑하는데도 고난을 허락하는 이유를

이해해주겠니?

하나님, 제가 잘할 수 있을까요?

우리가 이 보배를 질그릇에 가졌으니

이는 심히 큰 능력은 하나님께 있고

우리에게 있지 아니함을 알게 하려 함이라 고후 4:7

사랑하는 딸아, 사랑하는 아들아

네가 어떻게 지어졌는지보다 중요한 것은

네가 무엇을 담고 있느냐는 거야.

비록 질그릇 같아 보일지라도

그 그릇 안에 담긴 나 여호와 하나님이

전능하신 창조주 하나님이라는 걸 기억하렴.

네 능력은 중요하지 않아.

능력은 내게 있어.

그러니 사랑하는 딸아, 사랑하는 아들아

부족해도 괜찮아.

실수해도 괜찮아.

언제든 다시 하면 되는 거야.

중요한 것은 네가 점점 좋아지고 있다는 거야.

나는 포도나무요 너희는 가지라

그가 내 안에, 내가 그 안에 거하면 사람이 열매를 많이 맺나니

나를 떠나서는 너희가 아무것도 할 수 없음이라 요 15:5

사랑하는 딸아, 사랑하는 아들아

잘할 수 있을까 하는 마음에 삶이 무섭고 힘들지?

그래서 내 안에 있으라고 한 거야.

내 안에 거하기만 하면 네 삶은 열매가 가득하게 될 거야.

내가 진실로 진실로 너희에게 이르노니

나를 믿는 자는 내가 하는 일을 그도 할 것이요

또한 그보다 큰 일도 하리니

이는 내가 아버지께로 감이라 요 14:12

사랑하는 딸아, 사랑하는 아들아

내가 너를 위해 이 온 우주 만물을

만들었다는 것을 알고 있니?

모두 너를 위해 내가 만든 거야.

그러니 이제부터는 믿음으로 살아야 한단다.

나를 믿는 믿음으로 살아야 해.

나를 믿는 믿음만 있다면

내 아들 예수가 한 일을 너도 할 수 있고

그보다 더 큰 일도 하게 될 거야.

내 딸아, 내 아들아

너는 지극히 크고 놀라운 여호와, 나의 자녀란다.

기도가 안 될 때 하는 기도

기도가 안 될 때

기도가 중요한 것도 알고 기도해야 한다는 것도 알지만, 기도가 안 될 때가 있습니다. 나름대로 기도 시간을 정해 놓고 기도하려고 하는데 막상 무슨 말을 해야 할지 생각나지 않을 때가 있습니다. 이것은 기도가 안 되는 것이 아니라 마귀가 기도를 방해하고 있는 것입니다.

우리가 기도할 때 마귀는 우리를 가만두지 않습니다. 기도하는 사람의 마음을 조급하게 하고, 하나님을 신뢰하지 못하게 하고, 많은 잡념으로 기도에 집중하지 못하게 합니다. 기도는 가장 영적인 일이고, 마귀의 역사를 가로막는 가장 강력한 무기가 기도이기 때문입니다.

기도가 항상 잘될 수는 없지만 우리는 기도해야 살 수 있고 기도해야 승리할 수 있습니다. 그래서 기도가 잘될 때까지 기다릴 것이 아니라 기도가 잘되도록 기도해야 합니다.

　기도가 잘 안 될 때를 위해 기도하겠습니다. 주변에 그런 분이 계시다면 그 분을 위해서 기도해주셔도 좋겠습니다. 이 시간 함께 기도할 때 우리 모두 기도의 영으로 충만해지기를 기대합니다.

주님, 이 시간 기도하기 위해 무릎 꿇었지만
하나님이 너무 멀게 느껴지고
기도의 입술이 잘 열리지 않습니다.
무슨 말을 해야 할지 모르겠고
어떻게 기도를 시작해야 할지 막막합니다.
이 시간 기도의 어려움을 주님께 아뢰오니
이 기도문을 따라 하는 동안
모든 잡념이 사라지고 기도의 입술이 열리고
기도의 영으로 충만해지게 해주시옵소서.

오직 너희 죄악이 너희와 너희 하나님 사이를 갈라놓았고
너희 죄가 그의 얼굴을 가리어서
너희에게서 듣지 않으시게 함이니라 사 59:2

하나님,
우리의 죄악이 하나님과 우리 사이를 갈라놓았습니다.

우리의 죄가 하나님의 임재에서 우리를 멀어지게 했습니다.

주님, 이 시간 우리의 죄를 회개합니다.

하나님을 인정하지 않았던 죄를 회개합니다.

하나님을 무시하며 살았던 죄를 회개합니다.

하나님의 말씀에 불순종한 죄를 회개합니다.

하나님의 영광을 가로챈 죄를 회개합니다.

사람들을 소중히 여기지 않은 죄,

사람들에게 상처 주었던 죄를 회개합니다.

사람들을 뒤에서 험담하고

사람들 사이를 갈라놓은 죄를 회개합니다.

하나님의 몸 된 교회를 어렵게 한 죄를 회개합니다.

주님, 이 시간 생각으로 지은 죄, 마음으로 지은 죄,

입술로 지은 죄, 우리가 지은 모든 죄를 회개합니다.

용서해주시옵소서.

예수님의 십자가 공로 의지하며 주님께 나아갑니다.

우리를 받아주시고, 다시 하나님의 얼굴을 보이시고,

하나님과의 관계를 회복시켜 주시옵소서.

주님,

로뎀나무 아래서 죽기를 바라던 엘리야를 기억합니다.

너무 많은 일로 몸도 마음도 지쳐 기도가 나오지 않을 때
주님께서 엘리야를 먹이시고 재우시고,
또 먹이시고 재우시면서 그를 회복시켜 주시고
다시 기도의 자리로 나아가게 하신 것을 기억합니다.
이 시간 많은 일로 몸도 마음도 지쳐버린 당신의 자녀들에게
쉼과 안식을 베풀어주시고
회복의 은혜를 베풀어주시옵소서.
할 일이 너무 많아 기도할 시간이 부족한 이들에게
분주한 마음을 가라앉히고
짧은 시간이라도 집중해서 기도할 수 있도록
마음의 여유를 주시옵소서.

하나님, 하나님께서 기도를 듣고 계신다는 것이 의심되니
기도 시간이 그저 혼자 떠드는 시간처럼 느껴지고
괜한 짓을 하는 것처럼 느껴집니다.
기도의 입술이 떨어지지 않습니다.

믿음이 없이는 하나님을 기쁘시게 하지 못하나니
하나님께 나아가는 자는 반드시 그가 계신 것과
또한 그가 자기를 찾는 자들에게 상 주시는 이심을
믿어야 할지니라 히 11:6

주님, 이 시간 그러한 마음을 가진 사람들이

지나간 시간을 돌아보게 하시고,

영적인 눈을 열어

주님께서 베푸셨던 그 많은 은혜를

다시 기억하게 해주시옵소서.

하나님께서 얼마나 놀랍게 역사하셨는지

다시 생각나게 해주시옵소서.

하나님의 살아계심이 믿어지게 해주시옵소서.

뿐만 아니라, 주님께서 우리의 기도를 듣고 계시며

기도하는 자들에게 놀라운 상을 베푸시는 분이라는

믿음을 주시옵소서.

하나님의 선하심을 믿는 믿음을 주시옵소서.

이 시간 기도할 때 하나님의 숨결이 느껴지고

하나님의 손길이 느껴지게 해주시옵소서.

주님의 깊은 임재가 느껴지게 해주시옵소서.

남편들아 이와 같이 지식을 따라 너희 아내와 동거하고

그를 더 연약한 그릇이요 또 생명의 은혜를

함께 이어받을 자로 알아 귀히 여기라

이는 너희 기도가 막히지 아니하게 하려 함이라 벧전 3:7

주님, 이 시간 깨어진 관계로 인해

기도의 입술이 막혀 있는 이들이 있다면

그 모든 막힌 관계를 풀어주시옵소서.

막힌 담을 허물어주시옵소서.

특별히 사랑하는 사람과 관계가 멀어진 이들이 있다면

이 시간 관계가 회복되는 은혜를 주시옵소서.

하나님께서 보내주신 사람들을

소중히 여기고 귀하게 여기는 마음을 주시옵소서.

뿐만 아니라,

닫혀 있는 우리의 마음도 풀어주시옵소서.

서운한 마음, 화가 난 마음, 억울한 마음을

주님께서 풀어주시옵소서.

이해가 안 되는 일들이 이해되게 하시고

마음으로 받아들이는 은혜를 주시옵소서.

우리의 마음을 다시 사랑으로 채워주시옵소서.

이와 같이 성령도 우리의 연약함을 도우시나니

우리는 마땅히 기도할 바를 알지 못하나

오직 성령이 말할 수 없는 탄식으로

우리를 위하여 친히 간구하시느니라 롬 8:26

주님, 우리가 기도할 힘을 잃었을 때

우리를 대신해서 말할 수 없는 탄식으로 기도하고 계시는

성령님의 기도를 기억합니다.

지금 이 시간에도 주님께서 저희를 위해

기도하고 계심을 믿습니다.

기도의 영이신 성령께서 잠들어 있는 우리 영을 깨워주시고

굳게 닫힌 기도의 입술을 열어주시며

우리의 기도를 도우심을 믿습니다.

이 시간 우리의 기도를 성령님께 의탁합니다.

성령님, 인도해주시옵소서.

성령께서 지금 우리의 기도를 인도하시는 것이

느껴지게 해주시옵소서.

마음으로 기도하고 영으로 기도하는 시간 되게 해주시옵소서.

지금까지는 너희가 내 이름으로

아무것도 구하지 아니하였으나 구하라 그리하면 받으리니

너희 기쁨이 충만하리라 요 16:24

사랑하는 주님,

주님의 이름으로 구하면 주님께서 들어주시고

우리가 기쁨으로 충만한 삶을 살게 되리라 약속하신

말씀을 붙잡습니다.

이제 기도하겠습니다.

하나님께서 응답해주신다는 믿음으로 기도하겠습니다.

주님께서 기쁨으로 충만하게 하실 것을 믿고

기도하겠습니다.

우리 삶이 기도로 풀어지게 됨을 믿고 기도하겠습니다.

주님, 역사해주시옵소서.

이 시간 기도할 때 하늘 문을 여시고

주님의 놀라운 은혜가 임하게 해주시옵소서.

주님께서 저들의 머리머리마다 안수하여 주시고

주님의 신비로운 손길로 터치해주시옵소서.

저들을 감싸고 있는 하나님의 사랑이

느껴지게 해주시옵소서.

이 시간 기도할 때

모든 묶여 있던 것들이 풀어질 줄 믿습니다.

오랫동안 닫혀 있던 문이 열리게 될 것입니다.

오랫동안 고민했던 문제들의 실마리가 풀리게 될 것입니다.

하나님께서 주신 생각들로 가득해질 것입니다.

이 시간 기도할 때

성령님의 음성이 들려오고 예수님의 말씀이 생각나고

들었던 말씀이 깨달아지게 될 줄 믿습니다.

이 시간 하나님께서 모든 것을 회복시켜 주시고,

잘못된 모든 것을 바로잡아주실 줄 믿습니다.

생각지도 못했던 일들이 서로 연결되어

선한 열매를 맺게 될 줄 믿습니다.

선하신 주님,

이 시간 우리를 기도의 자리로 인도해주시니 감사합니다.

기도의 영을 부어주시니 감사합니다.

기도의 입술을 열어주시니 감사합니다.

기도에 대한 열망을 일으켜주시니 감사합니다.

하나님을 믿는 믿음을 회복시켜 주시니 감사합니다.

주님, 계속해서 우리의 기도를 인도해주시옵소서.

뜨거운 기도가 시작되게 하시고

기도의 거룩한 습관을 갖게 해주시옵소서.

우리를 위해 기도하시고,

우리의 기도를 도우시며,

우리의 기도를 들으시는

예수님의 이름으로 기도드립니다. 아멘.

하나님의 보호를 받는 기도

하나님의 보호

주님, 저는 마음이 너무 약합니다.
조그만 일에도 가슴이 뛰고
사소한 일에도 밤잠을 이루지 못합니다.
저도 담대해지고 싶고 용감해지고 싶은데
마음처럼 되질 않습니다.

그러나 주님,
저의 연약한 마음으로 인해
제가 주님을 더욱더 의지합니다.
주님께서 저의 마음을 붙잡아 주시고,
주님께서 저를 지켜주시옵소서.
주님, 제가 의지할 수 있는 것이 아무것도 없습니다.

제가 의지할 분은 주님뿐입니다.

이 시간 주님의 손길이 절실하게 필요합니다.

절박한 심정으로 주님께 나아갑니다.

주님, 저를 지켜주시옵소서.

어둠의 그림자가 저를 향해 다가올 때

빛 되신 주님께서 저를 지켜주시옵소서.

하나님이 어디 있냐고 조롱하는 자들로부터

주님께서 저를 지켜주시옵소서.

독기를 품고 달려드는 원수의 입에서

저를 지켜주시옵소서.

원수의 공격과 어둠의 권세로부터

주님, 저를 지켜주시옵소서.

제 삶을 망가뜨리려는 악한 자들의 손에서 지켜주시고,

저를 공격하는 원수들을 주님께서 물리쳐 주시옵소서.

원수 갚는 것을 하나님께 맡깁니다.

절대 봐주지 마시고 끝까지 찾아가 갚아주시옵소서.

주님께서 가장 확실하게 갚아주실 것을 믿습니다.

주님,

주님보다 더 안전한 곳이 없기에 제가 주님께 피합니다.

주님을 의지할 때

주님께서 예비하신 사람들을 만나는 복을 주시고

주님께서 예비하신 은혜를 경험하는 복을 주시고

주님께서 예비하신 피할 길을 찾는 복을 주시옵소서.

주님,

이른 아침부터 저의 귓가에 하나님의 지혜를 들려주시고

하루 종일 저의 손을 잡고 좋은 길로 인도해주시옵소서.

말씀으로 저의 걸음을 지켜주시옵소서.

그렇게 들려주시는 주님의 음성에 온전히 순종하겠습니다.

주님의 말씀을 따라 살아가겠습니다.

그것이 가장 안전한 삶이라는 것을 주님, 제가 믿습니다.

저를 지켜주시옵소서.

주님을 결코 떠나지 않고 주님에게서 뒤돌아서지 않도록

저를 붙들어주시옵소서.

꿈속에서라도 저는 주님을 붙들 것입니다.

죽을힘을 다해 주님께 달려갈 것입니다.

이 모든 두려운 상황에서 벗어나 쉼을 얻게 해주시옵소서.

지존자의 은밀한 곳에 거주하며

전능자의 그늘 아래에 사는 자여,

나는 여호와를 향하여 말하기를
그는 나의 피난처요 나의 요새요
내가 의뢰하는 하나님이라 하리니
이는 그가 너를 새 사냥꾼의 올무에서와
심한 전염병에서 건지실 것임이로다 시 91:1-4

주님,
크고 놀라우신 하나님의 보호를 받는 것보다
더 안전한 삶이 어디 있겠습니까.
전능자의 그늘 아래 머무를 수 있다는 것이
얼마나 놀라운 축복입니까.
제가 의지하고 있는 분이 창조주 하나님이라니요.
이 얼마나 놀라운 일입니까.
저를 공격하는 원수들의 손과 전염병에서 저를 지켜주시니
이 얼마나 놀라운 은혜입니까.
주님의 날개로 저를 덮어주시고,
주님의 품으로 피할 수 있으니
이보다 더 행복한 삶이 어디 있습니까.

주님께서 저의 피난처가 되어주시고 저의 요새가 되어주시니
주님, 이보다 더 든든할 수가 없습니다.

주님께서 저와 함께하시기에

어두운 밤의 시간도 두렵지 않고,

예측할 수 없는 인생의 문제 앞에서도

당황하지 않을 수 있습니다.

수많은 사람이 넘어지고 쓰러져도

주님께서 저를 지켜주시기에 저는 안전합니다.

주님 안에 있는 저를 누구도 해할 수 없습니다.

하나님께서 천사들을 보내어 제 모든 걸음을 지켜주시기에

어떤 불행도 제게 찾아오지 못할 것입니다.

하나님의 천사들이 제 발을 붙들어주고 있기에

저는 결코 걸려 넘어지지 않을 것입니다.

위험한 상황에서 저를 지켜주시고,

사고와 질병과 재난으로부터 지켜주시옵소서.

하나님이 이르시되 그가 나를 사랑한즉 내가 그를 건지리라

그가 내 이름을 안즉 내가 그를 높이리라

그가 내게 간구하리니 내가 그에게 응답하리라

그들이 환난당할 때에 내가 그와 함께하여

그를 건지고 영화롭게 하리라

내가 그를 장수하게 함으로 그를 만족하게 하며

나의 구원을 그에게 보이리라 하시도다 시 91:14-16

주님,

부족하지만 그래도 제가 주님을 사랑하는 것을

주님은 아시죠.

제가 주님의 이름을 부를 때 주님께서 저를 안다고 하시니

얼마나 다행인지 모릅니다.

크고 놀라운 주님께서 저와 함께하시고

제 기도에 응답해주시니 얼마나 감사한지요.

주님께서 제 이름을 높여주시고 생명을 지켜주시니

이 얼마나 놀라운 축복인지요.

주님, 제 영혼이 주님으로 만족합니다.

주님,

주님께서 주시는 은혜, 계획하지 않은 은혜,

갑자기 찾아오는 은혜, 뜻밖에 찾아오는 은혜,

생각지 못했던 은혜, 예기치 못한 은혜가

오늘 저의 삶에 가득함을 고백합니다.

아버지, 감사합니다.

그의 영광의 풍성함을 따라 그의 성령으로 말미암아

너희 속사람을 능력으로 강건하게 하시오며 엡 3:16

성령 하나님,

이 시간 저의 속사람을

하나님의 능력으로 강건하게 해주시옵소서.

저의 내면을 강하게 하시고

저의 마음을 담대하게 해주시옵소서.

대장부가 되게 해주시옵소서.

능력의 주님께서 저를 붙들어주시기에

어떤 상황에서도 의연하게 될 줄 믿습니다.

주님, 오늘도 제가 주님께 피합니다.

언제나 하나님의 시선 안에 머물기 원합니다.

주님, 제게서 눈을 떼지 마시고

저를 넘어뜨리려는 원수로부터 저를 보호해주시옵소서.

모든 원수로부터 저를 지키시고

저의 안전한 피난처가 되시는

예수님의 이름으로 기도드립니다. 아멘.

영적 전쟁에서 승리하는 기도

영적 전쟁의 승리

하나님,

마귀가 우리의 기쁨을 빼앗아갑니다.

마귀가 우리 영혼을 피폐하게 만듭니다.

마귀가 우리의 삶을 한탄하고 저주하게 합니다.

하나님을 신뢰하지 못하게 하고

하나님을 의지하지 못하게 하고

하나님의 성품을 오해하게 하고

하나님의 능력을 제한하게 합니다.

마귀가 끊임없이 우리를 흔들어대고

하나님에게서 멀어지게 합니다.

우리를 망하는 길로 이끌어갑니다.

그런데도 이것이 마귀의 역사인지도 모른 채

눈에 보이는 사람과 싸우고,

자기 자신을 원망하고 저주하며

어둠의 길을 걸어가는 우리를

주님, 불쌍히 여겨주시옵소서.

주님, 우리는 아무 능력이 없습니다.

마귀를 이겨낼 힘이 없습니다.

우는 사자처럼 달려드는 마귀의 공격에

너무 쉽게 무너집니다.

주님, 이 싸움에서 이기는 길은 기도밖에 없습니다.

이 싸움에서 승리하는 길은

주님을 의지하는 것밖에 없습니다.

주님만이 마귀의 손에서 우리를 지켜주실 수 있고,

주님만이 마귀를 꺾으실 수 있습니다.

주님, 그동안 기도를 쉬었던 죄를 회개합니다.

적당히 기도했던 죄를 회개합니다.

기도에 힘쓰지 못했던 죄를 회개합니다.

기도의 능력을 의심했던 죄를 회개합니다.

여러 가지 핑계로 기도를 멀리했던 죄를 회개합니다.

주님, 용서해주시옵소서.

주님, 이 시간 다시 마음을 모아 주님을 바라봅니다.

간절히 주님을 의지합니다.

다시 무릎을 꿇습니다. 다시 엎드립니다.

다시 기도의 두 손을 높이 들어올립니다.

전쟁의 승패가 기도에 달린 것을 알기에

다시 기도에 힘쓰겠습니다.

다시 기도의 불을 지피겠습니다.

힘들어도 기도하겠습니다.

피곤해도 기도하겠습니다.

기도할 마음이 생기지 않아도 기도하겠습니다.

반드시 이기게 하실 하나님을 신뢰하며 기도하겠습니다.

주님, 우리에게 기도의 영을 부어주시옵소서.

이 영적 전쟁에서 승리할 수 있도록

승리하신 주님께서 붙들어주시옵소서.

모든 원수 마귀의 공격으로부터 지켜주시옵소서.

이 시간 주님께서 역사해주시옵소서.

저는 연약하지만 주님은 강하십니다.

저는 패배했지만 주님은 승리하셨습니다.

저는 할 수 없지만 주님은 하실 수 있습니다.

주님, 이 시간 하나님을 믿는 믿음을 주시옵소서.

흔들리지 않는 믿음, 살아있는 믿음을 주시옵소서.

강력한 믿음을 주시옵소서.

우리 안에 있는 모든 의심은 사라질지어다!

이제 이 싸움은 제 싸움이 아니라 하나님의 싸움입니다.

하나님께서 싸우시기에 반드시 이기는 싸움입니다.

십자가를 통해 세상을 이기신 예수 그리스도!

예수 그리스도를 주님으로 고백하는 우리를

결코 마귀가 어찌할 수 없습니다(마 16:18).

원수의 모든 능력을 제어할 권능이

이미 우리에게 주어졌기에

누구도 우리를 무너뜨릴 수 없고

어찌할 수도 없습니다(눅 10:19).

만물보다 크신 하나님께서

우리의 아버지가 되시고 우리와 함께하시기에

결코 우리를 하나님의 손에서 빼앗을 자가 없습니다.

하나님의 아들이신 예수 그리스도를 믿는 믿음이

우리로 하여금 능히 마귀를 이기게 할 것입니다.

주님의 능력으로 말미암아 넉넉히 이길 것입니다.

주님,

이제 마귀가 정죄하는 소리에 반응하지 않겠습니다.

하나님의 말씀을 붙들겠습니다.

그러므로 이제 그리스도 예수 안에 있는 자에게는

결코 정죄함이 없나니

이는 그리스도 예수 안에 있는 생명의 성령의 법이

죄와 사망의 법에서 너를 해방하였음이라 롬 8:1,2

주님,

저의 노력으로 용서받을 수 없음을 압니다.

그러나 하나님의 사랑이 저를 용서하셨습니다.

저는 이미 예수님의 십자가로 용서받았습니다.

저는 하나님의 자녀입니다.

이미 용서받은 과거를 붙들고

죄책감에 눌려 있지 않겠습니다.

더 이상 지나간 실수를 붙들고 과거에 붙들리지 않겠습니다.

용서받은 죄를 붙들고 회개를 반복하는 것이 아니라

하나님의 용서를 믿음으로 받아들이고

하나님께서 주신 자유를 마음껏 누리겠습니다.

하나님의 자녀답게 당당하게 살겠습니다.

모든 누더기 옷을 벗어버리고,

아버지께서 예비해주신 새 옷을 입고

아버지께서 끼워주신 가락지를 끼고

아버지의 자녀로 살아가겠습니다.

저를 통해 행하실 하나님의 놀라운 일을

바라보며 살겠습니다.

주님, 이 시간 믿음으로 결단합니다.

더 이상 이 세대를 본받아 살지 않겠습니다.

어둠에 있지 않겠습니다.

빛 되신 주님을 바라보겠습니다.

하나님의 선하신 뜻을 따르겠습니다.

하나님께서 기뻐하시는 길로 가겠습니다.

예수님과 동행하는 삶을 살아가겠습니다.

모든 교만한 마음을 깨뜨립니다.

분주한 마음을 가다듬겠습니다.

영적 게으름에서 벗어나겠습니다.

미워하는 마음을 내려놓겠습니다.

하나님의 영광을 가로채려는 마귀의 생각을 내려놓겠습니다.

마귀를 대적하겠습니다.

죄를 싫어하겠습니다.

믿음의 선한 싸움을 싸우겠습니다.

어떤 고난이 와도 믿음으로 굳게 서서

마귀를 대적하겠습니다.

하나님의 말씀을 가까이하겠습니다.

경건을 연습하겠습니다.

온유한 마음을 지켜내겠습니다.

사랑으로 섬기겠습니다.

어떤 견고한 진도 무너뜨리는

하나님의 능력과 하나님의 권세를 사용하겠습니다.

하나님으로 완전무장하겠습니다.

하나님이 우리에게 주신 것은

두려워하는 마음이 아니요

오직 능력과 사랑과 절제하는 마음이니 딤후 1:7

주님, 더 이상 이 싸움에서 패배를 두려워하지 않겠습니다.

주님께서 주신 능력과 사랑과 절제하는 마음으로

반드시 이기게 될 것을 믿고,

만군의 여호와의 이름을 의지해 나아갔던 다윗처럼

저도 하나님의 이름의 능력을 의지해 나아가겠습니다.

이 시간 나사렛 예수 그리스도의 이름으로 명하노니

우리 가운데 역사하는 더러운 영 사탄아,

내 뒤로 물러가라(마 16:23)!

더러운 귀신은 떠나가라!

우리 주변에서 떠나가라!

우리 가정에서 떠나가라!

우리를 근심하게 하고 염려하게 하고

걱정하게 하는 더러운 귀신은 떠나갈지어다.

불안하게 하고 두려움에 빠뜨리고

낙심에 사로잡히게 하는 더러운 귀신은 떠나갈지어다.

원망하고 시기하고 질투하게 하는 악한 영은

예수 그리스도의 이름으로 명하노니 떠나갈지어다.

거짓과 속임으로 다투고 분열시키는 더러운 영은

우리에게서 떠나갈지어다.

우울하게 하고 무기력하게 하고

자기 연민에 빠지게 하는 악한 마귀는 떠나갈지어다.

가난으로 고통받게 하고

질병으로 고통을 주는 더러운 귀신아,

모든 것을 멈추고 이 시간 떠나갈지어다!

이 시간 예수 그리스도의 보혈이

우리를 묶고 있는 모든 저주를 끊어냈음을 선포합니다.

예수 그리스도께서 십자가로 사탄의 머리를 짓밟고

모든 마귀의 일을 멸하셨음을 믿습니다.

하나님의 말씀으로

마귀의 모든 역사가 묶임 받았음을 믿습니다.

주님,

우는 사자처럼 달려드는 저들의 입을 찢으시고

저들의 입을 막아주시옵소서.

더 이상 사탄에게 속지 않겠습니다.

하나님의 말씀에 붙들리겠습니다.

오늘 우리의 입술을 하나님의 말씀으로 채워주시옵소서.

우리의 마음을 하나님의 영으로 충만하게 해주시옵소서.

세상을 이기신 주님께서

우리를 온전히 사로잡아 주시옵소서.

하나님의 영으로 충만하게 해주시옵소서.

우리를 대신해서 싸우시고 우리에게 승리를 주시는

예수님의 이름으로 기도드립니다. 아멘.

어둠의 영을 몰아내는 기도

모든 지킬 만한 것 중에 더욱 네 마음을 지키라
생명의 근원이 이에서 남이니라 잠 4:23

사랑하는 주님,

오늘도 주님께서 함께하시기에 최고의 날입니다.

오늘 하루를 시작하면서

상황과 환경에 제 마음을 빼앗기지 않기 원합니다.

저를 공격하는 어둠의 세력으로부터

제 마음을 지켜주시옵소서.

제 마음을 마귀에게 내어주지 않겠습니다.

제 생각을 사탄에게 빼앗기지 않겠습니다.

제가 기뻐해야 할 이유가 얼마나 많은지 기억하며

감사하는 마음으로 살겠습니다.

주님,

어떤 상황에도 주님을 바라보겠습니다.

무조건 먼저 감사하겠습니다.

순간순간 주님의 이름을 부르겠습니다.

결과와 상관없이 주님을 찬양하겠습니다.

환경에 이끌리지 않겠습니다.

믿음으로 생각하겠습니다.

행복을 선택하겠습니다.

섬기는 삶을 살겠습니다.

관계를 세우는 데 힘쓰겠습니다.

기도하지 않는 사람들의 말에 반응하지 않겠습니다.

아무리 힘들어도 부정적인 말을 뱉어내지 않겠습니다.

짜증이 나도 감정적으로 짜증을 쏟아내지 않겠습니다.

그럴만한 이유가 있겠지 하며 다정하게 말하겠습니다.

더 많이 웃겠습니다.

되는 대로 살지 않겠습니다.

하나님께서 허락하신 이 하루를

어떻게 최고의 날이 되게 할 수 있을지

생각하며 살겠습니다.

주님께서 행하실 놀라운 일을 믿음으로 바라보겠습니다.

하늘의 천군 천사들이 오늘도 저와 함께하며

저를 위해 일하고 있음을 기억하겠습니다.

저를 위해 좋은 것을 예비해 놓으신 주님을 신뢰하며

오늘도 믿음으로 걸어가겠습니다.

이날은 여호와께서 정하신 것이라

이날에 우리가 즐거워하고 기뻐하리로다 시 118:24

주님, 오늘은 주님께서 지으신 날이기에

주님께서 허락하신 이 하루를 기쁨으로 맞이하겠습니다.

어제의 실수를 떠올리지 않겠습니다.

오늘을 기뻐하겠습니다.

좋은 일이 있을 때만 기뻐하는 것이 아니라

항상 기뻐하겠습니다.

감정과 상관없이 기쁨을 선포하겠습니다.

저의 기쁨을 빼앗기지 않겠습니다.

저의 행복을 빼앗기지 않겠습니다.

직장 상사 때문에 불행을 선택하지 않겠습니다.

주님을 바라보며 기쁨을 선택하겠습니다.

배우자 때문에 짜증 내지 않겠습니다.

주님을 바라보며 즐거워하겠습니다.

자녀 때문에 화내지 않겠습니다.

주님을 바라보며 감사하겠습니다.

재정적인 문제로 불평하지 않겠습니다.

주님을 바라보며 기도하겠습니다.

환경을 탓하며 주저앉아 있지 않겠습니다.

주님을 바라보며 최선을 다하겠습니다.

사람들의 나쁜 감정에 전염되지 않겠습니다.

사람들에게 좋은 기분을 전염시키겠습니다.

의사에게 안 좋은 소식을 들었을지라도

주님께서 들려주시는 좋은 소식을 붙잡겠습니다.

회사에서 나쁜 소식을 들었을지라도

주님께서 들려주시는 좋은 소식을 붙들겠습니다.

아무리 힘들고 어려워도 주님, 저는 기뻐할 것입니다.

아무리 억울한 마음이 들어도 주님, 저는 감사할 것입니다.

아무리 낙심이 돼도 주님, 저는 포기하지 않을 것입니다.

일어서겠습니다.

강해지겠습니다.

의연하겠습니다.

대범해지겠습니다.

주님,

이 시간 제 영혼을 향해 믿음으로 선포합니다.

내 영혼아 기뻐하라!

내 영혼아 즐거워하라!

내 영혼아 일어서라!

내 영혼아 용기를 내라!

내 영혼아 담대하라!

내 영혼아 하나님을 바라보라!

주님,

저는 피해자가 아닙니다. 저는 은혜 받은 사람입니다.

저는 실패자가 아닙니다. 저는 승리할 사람입니다.

저는 낙오자가 아닙니다. 저는 복을 받은 사람입니다.

저를 묶고 있는 모든 낙심의 차꼬가 풀어질 줄 믿습니다.

저를 가둔 절망의 옥문이 열리게 될 줄 믿습니다.

제 삶의 모든 닫힌 문을 열어주실 줄 믿습니다.

주님,

근심 대신 찬송하겠습니다.

한숨 대신 감사하겠습니다.

슬픔 대신 기뻐하겠습니다.

우리의 싸움은 인간을 적대자로 상대하는 것이 아니라,
통치자들과 권세자들과 이 어두운 세계의 지배자들과
하늘에 있는 악한 영들을 상대로 하는 것입니다 엡 6:12 새번역

하나님, 저의 싸움은 사람과의 싸움이 아니라
악한 영들과의 싸움입니다.
주님, 제게 어떤 사람이라도 품고 따뜻하게 대할 수 있는
온유한 마음을 주시옵소서.
이제 저를 반대하는 사람을 붙들고 씨름하지 않겠습니다.
제게 시비 거는 사람에게 일일이 대응하지 않겠습니다.
저를 함부로 대하는 사람에게
제 마음을 내어주지 않겠습니다.
하나님께서 저를 위해 좋은 만남을 준비해두셨음을 믿고
저를 힘들게 하는 사람들에게 관계를 구걸하지 않겠습니다.
노골적으로 저를 미워하고 따돌린다 해도
그 사람 때문에 제 인생을 낭비하지 않겠습니다.
쓸데없는 곳에 제 힘을 낭비하지 않겠습니다.
사람들이 주는 상처를 거절하겠습니다.
모든 부정적인 메시지를 듣지 않겠습니다.
하나님께서 주신 소중한 하루를
누구인지도 모르는 사람 때문에 망치지 않겠습니다.

제게 관심도 없는 사람에게 제 기쁨을 빼앗기지 않겠습니다.

사람들이 바뀌기를 기대하지 않겠습니다.

모든 사람이 저를 좋아할 수 없다는 것을 인정하겠습니다.

저를 좋아할 마음이 없는 사람에게

제 에너지를 쓰지 않는 지혜를 주시옵소서.

속을 긁어대는 사람과 적당한 거리를 두는 지혜를 주시고

기를 죽이는 사람을 멀리하는 지혜를 주시옵소서.

저를 긴장시키는 사람과 함께하지 않는 지혜를 주시고

저를 화나게 하는 사람에게조차

미소로 반응해 줄 수 있는 영성을 주시옵소서.

내 사랑하는 자들아 너희가 친히 원수를 갚지 말고

하나님의 진노하심에 맡기라

기록되었으되 원수 갚는 것이 내게 있으니

내가 갚으리라고 주께서 말씀하시니라 롬 12:19

하나님, 원수 갚는 것을 하나님께 맡깁니다.

제 마음을 힘들게 하는 것은

사람이 아니라 마귀의 역사임을 알고

영적으로 깨어서 반응하겠습니다.

화를 내서 마귀에게 지지 않겠습니다.

낙심해서 마귀를 기쁘게 하지 않겠습니다.

아무리 나를 흔들어대도 반석 되신 주님을 의지하겠습니다.

마귀가 기쁨을 빼앗으려 해도 빼앗기지 않겠습니다.

마귀가 평안을 빼앗으려 해도 빼앗기지 않겠습니다.

주님, 아무리 힘들어도 저는 믿음으로 기뻐하겠습니다.

상황이 좋아질 때까지 그냥 기다리지 않겠습니다.

의지를 가지고 기뻐하겠습니다.

즐거워하겠습니다.

힘을 내서 웃겠습니다.

주님, 주님을 바라보면 힘이 납니다.

주님 안에 있으면 희망이 솟아납니다.

주님과 함께 있으면 기쁨이 넘쳐납니다.

주님을 생각하면 신이 납니다.

오늘도 악에게 지지 않고

선으로 악을 이기는 하루가 되게 해주시옵소서.

모든 어둠의 영을 몰아내시고

우리에게 승리를 주시는

예수님의 이름으로 기도드립니다. 아멘.

성령의 불을 받는 기도

성경에는 성령의 불을 받은 하나님의 사람들로 가득합니다. 아브라함이 쪼갠 고기 사이로 하나님의 횃불이 지나갑니다(창 15:17). 모세는 가시떨기나무에 하나님의 불이 임한 것(출 3:2,3)과 주님의 성막 위에 하나님의 불이 임한 것(출 40:38)을 보았고, 제단에 불이 내려와 번제물과 기름을 불사르는 것을 보았습니다(레 9:24).

다윗이 단을 쌓고 번제와 화목제를 드릴 때 하늘로부터 불이 임했습니다(대상 21:26). 솔로몬의 성전에 불과 영광이 가득해 제사장이 들어가지 못했습니다(대하 7:1-3).

엘리야가 기도하자 갈멜산에 불이 내려 번제물을 다 불태웠습니다(왕상 18:36-38). 오순절, 마가의 다락방에서 기도하고 있던 120명의 제자들 머리 위로 성령의 바람과 함께 성령의 불이 임했습니다(행 2:2,3).

이 시간 우리 안에 성령의 불이 임하기를 사모하며 함께 기도하겠습니다.

하나님,
이 시간 우리에게 성령의 불을 내려주시옵소서.
하나님의 불을 내려주시옵소서.
하늘의 불을 내려주시옵소서.

너희가 회개하여 각각 예수 그리스도의 이름으로
세례를 받고 죄 사함을 받으라
그리하면 성령의 선물을 받으리니 행 2:38

예, 주님.
저는 죄인입니다.
하나님을 하나님으로 인정하지 않았던
저의 죄를 인정하고, 회개합니다.
이 시간 예수 그리스도의 보혈로
저의 모든 죄를 용서하여 주시옵소서.
예수님을 제 삶의 구원자와 주님으로 고백합니다.
이 시간 성령의 불을 내려주시옵소서.

베드로가 이 말을 할 때에

성령이 말씀 듣는 모든 사람에게 내려오시니 행 10:44

내가 말을 시작할 때에 성령이 그들에게 임하시기를

처음 우리에게 하신 것과 같이 하는지라 행 11:15

예, 주님.

이 시간 예수님이 그리스도이심을 고백합니다.

이 믿음의 고백을 들을 때 성령을 부어주시고,

이 믿음의 고백을 선포할 때

처음 사도들에게 부어주셨던 성령을 부어주시옵소서.

하나님의 불로 임하여 주시옵소서.

너희에게 성령을 주시고

너희 가운데서 능력을 행하시는 이의 일이

율법의 행위에서냐 혹은 듣고 믿음에서냐

아브라함이 하나님을 믿으매

그것을 그에게 의로 정하셨다 함과 같으니라 갈 3:5,6

하나님,

저의 노력으로 성령을 받을 수 없습니다.

저의 열심으로 성령을 받을 수 없습니다.
성령은 오직 듣고 믿음으로 받을 수 있습니다.
하나님께서 주셔야 받을 수 있습니다.
주님, 제가 성령을 믿습니다.
이 시간 성령의 불을 내려주시고,
성령의 능력이 나타나게 해주시옵소서.

사도와 함께 모이사 그들에게 분부하여 이르시되
예루살렘을 떠나지 말고 내게서 들은 바
아버지께서 약속하신 것을 기다리라 행 1:4

하나님 아버지,
이 시간 아버지께서 약속하신 성령을 기다립니다.
사랑하는 성도들과 함께 기도하며 성령을 기다립니다.
성령님 오시옵소서.
우리에게 임하여 주시옵소서.

너희가 악할지라도 좋은 것을 자식에게 줄 줄 알거든
하물며 너희 하늘 아버지께서 구하는 자에게
성령을 주시지 않겠느냐 하시니라 눅 11:13

빌기를 다하매 모인 곳이 진동하더니
무리가 다 성령이 충만하여
담대히 하나님의 말씀을 전하니라 행 4:31

구하는 자에게 성령을 주시겠다고 약속하신 주님,
이 시간 하늘 아버지께 성령을 구합니다.
간절히 구합니다.
전심으로 구합니다.
주여, 성령의 불을 내려주시옵소서.
성령으로 충만하게 해주시옵소서.
성령으로 다스려 주시옵소서.
제자들이 기도를 마칠 때
땅이 진동하고 성령이 충만했던 것처럼
하나님, 이 시간 우리의 영혼을 진동시켜 주시옵소서.
죽어가는 영혼을 살릴 수 있도록
성령의 불을 내려주시옵소서.
열방의 불이 되게 해주시옵소서.
불의 사람이 되게 해주시옵소서.
하나님의 불이 되게 해주시옵소서.

이에 두 사도가 그들에게 안수하매 성령을 받는지라 행 8:17

바울이 그들에게 안수하매 성령이 그들에게 임하시므로

방언도 하고 예언도 하니 행 19:6

하나님 아버지,

사도들이 안수할 때 성령을 받았던 것처럼

바울이 안수할 때 성령이 임했던 것처럼

이 시간 믿음으로 성도들의 영혼에 안수하며 기도합니다.

성령님 임하여 주시옵소서.

성령님 오셔서 다스려 주시옵소서.

강한 바람으로 임하여 주시옵소서.

불의 혀로 임하여 주시옵소서.

바람처럼 불처럼 임하여 주시옵소서.

성령의 비를 내려주시옵소서.

생수의 강이 흘러넘치게 해주시옵소서.

성령의 기름을 부어주시옵소서.

비둘기로 임하여 주시옵소서.

성령님 오시옵소서.

임하여 주시옵소서.

성령의 권능을 부어주시옵소서.

성령님, 우리 가운데 흘러넘치시고 넘쳐흐르시옵소서.

주의 영이 계신 곳에 자유함이 있습니다.

우리 안에 자유롭게 거하시고,

자유롭게 일하시고,

자유롭게 역사해주시옵소서.

우리의 영혼을 주의 영으로 다스리시고,

통치하고 주장하여 주시옵소서.

우리를 압도하시는 성령님의 임재를 구합니다.

이곳에 가득하시고, 이곳을 덮으시고 채워주시옵소서.

우리 안에 있는

모든 두려움과 의심과 혼란의 영을 몰아내시고

세상이 감당할 수 없는 믿음의 사람이 되게 해주시옵소서.

상한 자들을 고쳐주시고 깨어진 자들을 치료해주시옵소서.

오순절 임했던 성령의 역사가

이 시간 이곳에 다시 일어나기 원합니다.

성령님, 마음껏 역사해주시옵소서.

이 시간 기도하는 자들 가운데

성령의 은사를 내려주시옵소서.

예언의 은사, 섬기는 은사, 가르치는 은사, 위로하는 은사,

구제의 은사, 지도력의 은사, 긍휼의 은사,

지혜로운 말씀의 은사, 지식이 가득한 말씀의 은사,

믿음의 은사, 병 고치는 은사, 능력 행함의 은사,

영 분별의 은사, 각종 방언의 은사, 방언 통역의 은사,

사랑의 은사(롬 12:6-8 ; 고전 12:8-11, 13장)를

이 시간 구하는 자들에게 내려주시옵소서.

이 모든 성령의 은사를 통해

우리의 신앙이 성숙하고,

하나님을 섬기며 교회의 덕을 세우게 하여 주시옵소서.

청지기의 마음으로 질서 안에서 사용하게 하시고,

우리의 의를 드러내는 것이 아니라

하나님의 영광을 위해 사용하게 해주시옵소서.

날마다 깨어 기도하게 하시고

영적인 순결함 가운데 거하게 하시며

주님의 말씀 앞에 겸손히 순종하며 살아가게 해주시옵소서.

나를 높이는 것이 아니라 겸손히 하나님을 높여드리며

하나님의 나라를 꿈꾸게 해주시옵소서.

성령님, 감사합니다.

이 시간 이곳에 오셔서 감사합니다.

임하여 주셔서 감사합니다.

다스려 주셔서 감사합니다.

성령님, 마음껏 역사해주시니 감사합니다.
영광 받아주시옵소서.

죽으시고 부활하셔서 하늘에 오르신
예수님의 이름으로 기도드립니다. 아멘.

하나님의 인도를 구하는 기도

여호와는 나의 목자시니 내게 부족함이 없으리로다

그가 나를 푸른 풀밭에 누이시며

쉴 만한 물가로 인도하시는도다 시 23:1,2

목자 되신 주님,

고단한 인생길에 의지할 분이 계시니 얼마나 감사한지요.

제 삶을 인도해주셔서 감사합니다.

주님께서 인도하신 길은 언제나 가장 안전한 길이었고,

주님을 따라가는 삶에는 부족함이 없었습니다.

주님께서 인도하신 곳에는 평안이 있었고

주님께서 인도하신 곳에는 쉼과 안식이 있었습니다.

선한 목자 되신 주님,

오늘도 주님의 음성에 귀 기울입니다.

말씀으로 저의 걸음을 인도해주시옵소서.

보혜사 곧 아버지께서 내 이름으로 보내실 성령

그가 너희에게 모든 것을 가르치고

내가 너희에게 말한 모든 것을 생각나게 하리라 요 14:26

주님,

중요한 선택 앞에서 주님의 말씀이 생각나게 하시고

고요하지만 분명한 음성이 제게 울림으로 다가오게

해주시옵소서.

사람이 마음으로 자기의 길을 계획할지라도

그의 걸음을 인도하시는 이는 여호와시니라 잠 16:9

주님,

제 안에 많은 계획이 있지만

제 삶의 걸음을 인도하시는 분은 하나님이십니다.

그렇기에 어떠한 상황에서도 좋은 선택이 될 것입니다.

제가 가는 이 길이

눈에 보이는 상황은 그리 좋지 않을지라도

하나님의 인도하심 안에 있기에

가장 안전한 길임을 믿습니다.

때로는 실패한 것처럼 보이고

때로는 버림받은 것 같을지라도

모든 것을 아시는 하나님께서

더 큰 그림을 가지고 인도하고 계시기에

저는 하나님의 반전을 기대합니다.

하나님께서 인도하고 계시기에

제 뜻대로 되지 않을지라도

예상치 못했던 상황에서도

하나님의 뜻은 이루어질 것입니다.

네 짐을 여호와께 맡기라

그가 너를 붙드시고 의인의 요동함을

영원히 허락하지 아니하시리로다 시 55:22

주님,

잘해야 한다는 생각이 제 마음을 무겁게 합니다.

때로는 그 생각이 저를 주저앉게 합니다.

주님, 이제 그 생각을 내려놓겠습니다.

열매 맺게 하시는 분은 하나님이시기에

모든 것을 주님께 맡기고

저는 그저 제 할 일을 하겠습니다.

주님께서 허락하시지 않는 한

저는 넘어질 수도 없고 망할 수도 없습니다.

여호와가 너를 항상 인도하여

메마른 곳에서도 네 영혼을 만족하게 하며

네 뼈를 견고하게 하리니

너는 물 댄 동산 같겠고

물이 끊어지지 아니하는 샘 같을 것이라 사 58:11

주님,

주님께서 제 삶을 항상 인도해주신다는 약속의 말씀이

제게 얼마나 위로가 되는지 모릅니다.

메마른 삶 속에서도 만족감을 누리게 하시고

삶의 중심이 무너진 상황에서도 쓰러지지 않게 하시니

이것이 복입니다.

언제나 물 댄 동산처럼 풍성한 삶이 되게 하시고

솟아나는 샘물을 흘려보내는 축복의 통로가 되게 하시니

주님의 인도를 받는 것보다 더 좋은 삶이
세상에 어디 있겠습니까.

내가 항상 주와 함께하니
주께서 내 오른손을 붙드셨나이다
주의 교훈으로 나를 인도하시고
후에는 영광으로 나를 영접하시리니 시 73:23,24

주님,
저는 항상 주님을 붙들 것입니다.
아니, 주님께서 저를 붙들어주십니다.
제가 잘못된 선택을 했을지라도
주님께서 저를 바른길로 인도하시고,
저의 계획은 실패할지라도
하나님의 계획은 결코 실패한 적이 없기에
이해되지 않는 상황일지라도
하나님의 인도하심을 믿고 순종하겠습니다.
하나님 안에서는 모든 일이 잘된 일입니다.

또 여호와를 기뻐하라
그가 네 마음의 소원을 네게 이루어주시리로다

네 길을 여호와께 맡기라

그를 의지하면 그가 이루시고

네 의를 빛같이 나타내시며

네 공의를 정오의 빛같이 하시리로다 시 37:4-6

주님, 저는 주님이 너무 좋습니다.

어쩌면 그렇게 제 마음의 소원을 잘 아시고

하나도 빠짐없이 다 이루어주시는지

생각만 해도 너무 좋습니다.

그런 주님을 제가 어떻게 좋아하지 않을 수 있겠습니까.

주님에게서 멀어지는 것이 제게는 오히려 고통입니다.

주님, 저는 주님의 것입니다.

주님께서 저를

상상조차 할 수 없는 곳으로 인도해오셨고

꿈꿀 수 없는 곳으로 이끌어 오셨습니다.

주님의 계획은 언제나 저의 계획보다

훨씬 더 크고 놀라웠습니다.

부족한 저를 통해 이렇게 놀라운 일을 행하게 하시니

어느 누가 감히 상상이나 할 수 있었겠습니까.

주님의 섭리는 언제나 신비롭고 놀라울 따름입니다.

여호와의 말씀이니라

너희를 향한 나의 생각을 내가 아나니

평안이요 재앙이 아니니라

너희에게 미래와 희망을 주는 것이니라 렘 29:11

주님, 제가 주님께 제 삶을 맡길 수 있는 이유는

주님의 마음을 제가 알기 때문입니다.

주님의 계획은 언제나 제 삶에 평안을 주시는 것이고

주님의 뜻은 소망이 가득한 자리로 저를 인도하는 것입니다.

그 주님께서 제 삶을 인도하시기에

저는 어떠한 상황에서도 의연할 수 있습니다.

아무리 원수가 나를 무너뜨리려 할지라도

주님께서 모든 것을 선으로 바꿔주시기에

저는 안전합니다.

주님,

오늘도 하나님의 말씀으로 인도받게 하시고

마음에 소원함을 통해 주님의 계획을 듣게 해주시옵소서.

주어진 상황 속에서 하나님의 인도하심을 보게 하시고

기도하는 사람들을 통해

하나님의 뜻을 확인하게 해주시옵소서.

하나님,

오늘도 하나님을 기다립니다.

하나님의 음성을 기다립니다.

하나님의 인도하심을 기다립니다.

잠잠히 주님께 귀 기울일 때

주님, 제게 말씀하시고 제 걸음을 인도해주시옵소서.

제 삶의 영원한 인도자가 되시는

예수님의 이름으로 기도드립니다. 아멘.

넷째 주에는 나를 넘어선 중보기도를 하게 될 것입니다. 중보기도는 우리가 하는 기도 중에 가장 이타적인 기도이기 때문에 영적인 성숙이 있어야 할 수 있는 기도입니다. 부담 갖지 말고 할 수 있는 만큼 기도하시면 됩니다. 그러나 조금은 부담이 되어도 힘을 내서 이 기도를 함께 따라 하다 보면 영적으로 더 성숙해지고 영적인 힘이 길러지는 것을 경험하게 될 것입니다.

04

WEEK

사랑하는
사람을 위한
중보기도

다음세대를 위한 기도

예수님은 몸을 돌이켜 그들에게 이렇게 말씀하셨다.

예루살렘의 딸들아, 나를 위해 울지 말고

너희와 너희 자녀들을 위해 울어라 눅 23:28 현대인의성경

우리의 자녀들을 위해 울라 하신 주님,

우리가 우리 자녀들을 위해 울지 못한 것을 회개합니다.

우리의 다음세대를 위해 눈물 흘리지 못한 것을 회개합니다.

저들을 바라보며 불안해하고, 저들을 쉽게 판단하고,

때로는 무관심했음을 회개합니다.

다음세대를 살리는 것이 우리의 눈물과 기도임을 기억하며

이 시간 우리의 다음세대들을 위해 엎드립니다.

하나님, 하나님께서 우리에게 맡기신
소중한 우리의 다음세대가 있습니다.
이들에게 하나님나라의 미래가 달려 있습니다.
주님, 우리의 다음세대를 지켜주시옵소서.

주님,
다음세대의 생각을 사로잡고 있는 어두운 문화 콘텐츠로부터
우리 자녀들을 지켜주시옵소서.
우리 자녀들을 무너뜨리고 있는
유물론적 가치관과 무신론적 세계관을 깨뜨려주시고
하나님의 거룩한 창조의식으로 살아가게 해주시옵소서.
복음 안에서 자신의 참된 가치를 발견하게 해주시옵소서.
저들의 입술을 사로잡고 있는
욕설과 거짓과 음란한 말들을 끊어주시고,
저들의 가슴에 하나님의 말씀이 새겨지게 하시고,
말씀이 삶의 기준이 되게 해주시옵소서.
살리는 말과 축복의 말로
저들의 입술을 가득 채워주시옵소서.

주님, 우리 자녀들이 십자가의 복음을 경험한
은혜의 세대가 되게 해주시옵소서.

예수 그리스도를 인격적으로 만나게 하시고,

구원의 기쁨과 구원의 감격을 가지고 살아가는

거룩한 세대가 되게 해주시옵소서.

복음의 능력을 경험하고

누구 앞에서도 당당하게 그리스도를 전하는

믿음의 세대가 되게 해주시옵소서.

우리를 자유케 하신 예수 그리스도를 높여드리는

순전한 세대가 되게 하시고,

자신의 신앙을 자신 있게 고백하며

하나님을 예배하는 것을 부끄러워하지 않는

열정적인 세대가 되게 해주시옵소서.

어떤 상황 속에서도 그리스도를 바라보고

그리스도를 따라가는 부흥의 세대가 되게 하시고,

십자가로 모든 것을 하나 되게 하시는

하나님나라를 꿈꾸는 비전의 세대가 되게 해주시옵소서.

주님, 우리 자녀들이

기도로 기적을 일으키는 세대가 되게 하시고,

좌로도 우로도 치우치지 않고

하나님의 말씀에 붙들린 세대가 되게 해주시옵소서.

불가능을 가능케 하는 기적의 세대,

이 어두운 세상 한복판에서 예수 그리스도로 물든

예수의 세대가 되게 해주시옵소서.

주님께서 말씀하시면 거침없이 달려가는

영적인 야성을 지닌 세대가 되게 하시고,

육신의 생각을 멈추고 영의 생각을 품고 사는

세대가 되게 해주시옵소서.

교회가 조롱거리가 된 세상에서

교회의 영광을 회복시키는 축복의 세대,

거짓이 난무한 세상에서

진리를 추구하는 진실한 세대,

무분별한 삶을 거부하고 거룩한 삶을 추구하는

세대가 되게 해주시옵소서.

우리 자녀들이 상처에 묶여

자신의 삶을 내동댕이치지 않게 하시고,

복음적 자존감을 회복하고

무너진 사람들을 일으키는 세대가 되게 해주시옵소서.

마귀의 음성이 아니라

하나님의 음성을 듣는 자녀들이 되게 하시고,

마귀를 기쁘게 하는 것이 아니라

하나님을 기쁘시게 하는 삶이 되게 해주시옵소서.

가정의 소중함을 알고 가정을 지켜내며
부모 세대를 존경할 줄 아는
겸손한 자녀들이 되게 해주시옵소서.

성령하나님,
우리의 다음세대들에게 이 시간 임하여 주시옵소서.
하나님께서 불을 내려주시옵소서.
거룩한 불을 내려주시옵소서.
시대의 불이 되게 해주시옵소서.
우리의 다음세대가 거룩한 파도를 일으키는
성령의 세대가 되게 하시고
성령으로 충만한 세대가 되게 해주시옵소서.
세상의 유혹을 이겨내고 빛 되신 주님을 나타내는
등불 같은 세대가 되게 해주시옵소서.
우리 주 예수 그리스도를 품고 사는
세대가 되게 해주시옵소서.

살아계신 주님,
사랑하는 우리 자녀들이 시대를 이끌어갈
믿음의 영웅이 되게 해주시옵소서.
우리의 교회가 이 민족의 100년을 이끌어갈

영적인 리더들을 키워내게 해주시옵소서.
우리 교회에서 대한민국을 이끌어갈
영적인 인재들이 나오게 하시고,
부모님과 교회와 학교가 우리 자녀들을
영적 거장으로 키워내게 해주시옵소서.
세상을 축복하는 영적 리더들을 배출해 내는
한국 교회가 되게 해주시옵소서.
고난 속에서도 하나님의 선하심을 바라보는
요셉 같은 지도자가 나오게 해주시옵소서.
다른 어떤 사람보다 하나님을 두려워하는
다윗 같은 예배자가 나오게 해주시옵소서.
눈에 보이는 것이 아니라
보이지 않는 하나님을 바라볼 수 있는
여호수아와 갈렙 같은 믿음의 대장부들이 나오게
해주시옵소서.
복음의 불모지에서 신앙을 개척한 아브라함과 같은
믿음의 1세대들이 나오게 해주시옵소서.
하나님의 음성을 듣고 하나님의 영광을 경험한 모세 같은
민족의 지도자가 나오게 해주시옵소서.
기도로 하늘의 불을 내린 엘리야와 같은
존경받는 영적 지도자가 나오게 해주시옵소서.

하나님께 뜻을 정하고 세상 한복판에서
하나님을 경외하는 삶을 살았던 다니엘 같은
영향력 있는 평신도가 나오게 해주시옵소서.
민족의 아픔을 가슴에 끌어안고 무너진 제단을 다시 세우는
느헤미야 같은 애국자가 나오게 해주시옵소서.
자신의 이익보다 공동체의 이익을 위해 목숨을 건
에스더 같은 아름다운 딸들이 세워지게 해주시옵소서.

자기 백성을 구원하기 위해
모든 영광을 내려놓고 십자가 지신 예수님.
우리 예수님을 닮은 예수 세대들이
우리 교회를 통해 세워지게 해주시옵소서.
그래서 우리의 다음세대들이 우리 부모세대보다
하나님을 더욱더 뜨겁게 사랑하고
하나님 앞에서 더욱더 경건한 세대가 되게 해주시옵소서.

이 일을 위해 헌신하는
다음세대 목회자들과 교사, 목자, 리더들이 있습니다.
다음세대에 헌신한 선교 단체와 교회가 있습니다.
복음의 능력을 경험하고
그리스도의 제자로 자신의 삶을 드리며

하나님나라 비전을 위해 헌신하는 귀한 이들입니다.

주님, 이들을 붙잡아 주시옵소서.

실력을 갖추되 겸손하게 기도하는 리더들이 되게 하시고,

하나님의 거룩한 비전으로 우리 자녀들의 가슴을 뛰게 하는

리더들이 되게 해주시옵소서.

주님, 우리 부모세대가 자녀들에게

더 많은 물질을 유산으로 남겨주기 위해 애쓰기보다

기도의 유산을 물려주기를 힘쓰게 해주시옵소서.

고난의 시간이야말로 하나님을 만날 수 있는

기회의 시간입니다.

우리 자녀들의 삶에 고난을 제거하는 것이

우리 자녀들을 망하게 하는 길임을 알게 하시고

그들이 걸어가야 할 광야를 기꺼이 허락하게 해주시옵소서.

하나님께서 이 민족의 주인이시며

우리 다음세대의 주님이십니다.

주님, 저들을 통해 영광 받아주시옵소서.

가고 오는 모든 세대의 주인 되신

예수님의 이름으로 기도드립니다. 아멘.

자녀 양육을 위한 기도

자녀 양육

주님,

어느새 시간이 흘러 제가 부모가 되었습니다.

부모가 되어보니 부모님이 더 생각납니다.

어머니는 이때 어떤 마음이셨을까

아버지는 이때 무슨 생각을 하셨을까

부쩍 더 생각하게 됩니다.

주님,

저도 좋은 부모가 되고 싶은데 마음처럼 잘되지 않습니다.

아이의 당황스러운 행동 앞에서

어찌해야 할지 몰라 화를 냈습니다.

시도 때도 없이 불쑥불쑥 올라오는 욱하는 마음에

사랑하는 아이의 마음에 상처를 주고
돌아서면 후회하기를 수도 없이 반복하면서
내가 과연 부모의 자격이 있나 자괴감에 빠지기도 합니다.
제가 바쁘고, 제가 지치고, 제가 힘들다는 이유로
사랑하는 자녀들을 다그칠 때가 많았습니다.
아이의 기분과 아이의 마음보다 아이의 행동만 보고
쉽게 판단하고 상처를 주었습니다.
무조건적으로 사랑받아야 할 아이들을
얼마나 조건적으로 사랑했는지 모릅니다.

주님,
부모로 사는 것이 이렇게 힘든지 몰랐습니다.
엄마니까 아빠니까 당연하다고 생각했던 일들이
전혀 당연하지 않다는 것을 이제 알게 됩니다.
주님, 요즘은 조금 힘이 듭니다.
아이를 키운다는 것이 어렵습니다.
부모로 사는 것이 불안하기도 하고 두렵기도 합니다.
'내가 잘하고 있나, 이렇게 하는 게 맞나?
아이에게 상처를 주면 어떻게 하지'
이런 생각이 하루에도 수십 번씩 제 마음을 흔들어댑니다.
주님, 제게 은혜가 필요합니다.

주님, 이제 삶의 속도를 조금 줄이겠습니다.

저의 성공을 위해 자녀들을 희생시키지 않겠습니다.

제가 더 높은 자리에 올라가고

회사의 매출이 늘어나는 것보다,

자녀들과 함께 시시콜콜한 이야기를 나누는 것이

훨씬 더 소중한 시간이라는 것을 기억하겠습니다.

"아빠, 놀아줘요, 엄마, 같이 놀아요" 하며

저의 뒤꽁무니를 졸졸 따라다니며 귀찮게 졸라댈 시간이

이제 얼마 남지 않은 것을 기억하며

이 시간을 소중히 여기겠습니다.

조금 더 여유를 가지고

자녀들과 함께하는 시간을 즐기겠습니다.

함께 산책도 하고, 자전거도 타고,

놀이터의 그네도 밀어주고,

신나게 킥보드를 타고 노는 아이의 모습을 지켜보겠습니다.

신선한 아침 공기를 마시며 함께 해가 뜨는 것도 보고,

나른한 오후에 늘어지게 낮잠도 같이 자겠습니다.

아이의 손을 꼭 잡고 아름답게 물든 저녁노을도 바라보고,

함께 누워 찬란하게 빛나는 밤하늘의 별들을

바라보겠습니다.

웃고, 떠들고, 함께 뒹굴며 신나게 놀겠습니다.

더 자주 안아주겠습니다.

추억할 것이 많은 행복한 아이로 자라나도록

더 많은 시간을 함께하겠습니다.

주님, 제게 자녀들의 마음을 잘 받아줄 수 있는

여유로운 마음을 주시고,

자녀들의 행동에는 분명한 기준을 가지고 대할 수 있는

지혜를 주시옵소서.

부족한 모습이 있어도 다그치고 혼내기보다

아이를 믿어주고 존중하겠습니다.

이 아이가 하나님께서 지으신 본래의 모습을 찾을 수 있도록

여유를 가지고 들어주고, 인내하고, 기다려주겠습니다.

자신의 모습으로 살아갈 수 있도록

격려하고 이끌어주는 성숙한 부모가 되겠습니다.

저의 작은 격려 한마디가 이 아이 인생에

기적을 만들어낼 수 있다는 것을 기억하며

더 자주 격려하고 더 크게 칭찬하겠습니다.

아이와 보내는 시간에 효율성을 따지지 않겠습니다.

결과보다 더 중요한 것은

바로 이 아이라는 것을 기억하겠습니다.

이스라엘아 들으라

우리 하나님 여호와는 오직 유일한 여호와이시니

너는 마음을 다하고 뜻을 다하고 힘을 다하여

네 하나님 여호와를 사랑하라

오늘 내가 네게 명하는 이 말씀을 너는 마음에 새기고

네 자녀에게 부지런히 가르치며 집에 앉았을 때에든지

길을 갈 때에든지 누워 있을 때에든지 일어날 때에든지

이 말씀을 강론할 것이며 신 6:4-7

주님, 제가 사랑하는 자녀들에게 물려줄 수 있는

최고의 유산은 나의 주 하나님이십니다.

인생의 힘든 시간에 하나님께서 우리를 어떻게 돌보셨는지

위태로운 삶의 순간에 하나님께서 어떻게 지켜주셨는지

우리 가정이 절망의 터널을 지날 때

하나님께서 우리를 어떻게 도우셨는지

사랑하는 자녀들에게

우리의 주인 되신 하나님을 가르치겠습니다.

"우리 부모님은 정말 하나님을 사랑해요"라고

자녀들이 고백할 수 있도록,

"저에게 복음을 전해주신 분은 부모님이세요.

제가 하나님의 사랑을 알게 된 것은 부모님 때문이에요"

이렇게 고백할 수 있도록

주님, 은혜를 베풀어주시옵소서.

사랑하는 자녀들이 하나님의 크신 사랑을 알고

생명을 걸고 하나님을 사랑하는 자녀들이 될 수 있도록

주님, 도와주시옵소서.

아비들아 너희 자녀를 노엽게 하지 말지니

낙심할까 함이라 골 3:21

또 아비들아 너희 자녀를 노엽게 하지 말고

오직 주의 교훈과 훈계로 양육하라 엡 6:4

주님, 제가 하나님의 말씀이 아닌 제 기분에 따라

자녀들을 대했습니다.

하나님의 말씀을 따라 살아야 할 아이들을

제 눈치를 보며 살게 만들었습니다.

주님, 저를 용서해주시옵소서.

주님,

자녀들의 마음에 억울한 마음이 들지 않도록

분노가 자녀들의 마음에 스며들지 못하도록

자녀들이 삶의 의욕을 잃어버리지 않도록
무엇이 옳은 것인지 헷갈리지 않도록
부모인 제가 더 성숙한 인격을 갖추게 해주시옵소서.
감정적으로 아이들을 대하지 않고,
성경의 원칙을 따라 자녀들을 양육할 수 있도록
도와주시옵소서.

채찍과 꾸지람이 지혜를 주거늘
임의로 행하게 버려둔 자식은
어미를 욕되게 하느니라 잠 29:15

주님,
제가 사랑하는 자녀들에게
화를 내는 부모가 되지 않게 하시되
자녀들의 삶에 무관심한 부모가 되지 않게 해주시옵소서.
마땅히 해야 할 책망과 꾸지람을 피하지 않고
부모의 책임을 다하게 해주시옵소서.
사랑하는 자녀들에게
세상을 살아갈 지혜를 주시고
세상을 밝힐 용기를 주시옵소서.

마땅히 행할 길을 아이에게 가르치라

그리하면 늙어도 그것을 떠나지 아니하리라 잠 22:6

사랑하는 주님,

우리 아이들이 마땅히 행해야 할 것은 기도입니다.

주님, 제가 기도로 자녀들을 양육하겠습니다.

평생 기도로 살아가는 자녀들이 될 수 있도록

기도를 가르치고 기도를 훈련하겠습니다.

제가 기도하는 부모가 되겠습니다.

기도로 사는 부모가 되겠습니다.

우리 자녀들에게 기도의 영을 부어주시옵소서.

주님, 사랑하는 이 아이들이

하나님을 경외하는 아이들이 되어

건강하고 행복한 아이들로 살아가도록

오늘도 은혜를 베풀어주시옵소서.

저를 이 아름다운 아이들의 부모로 불러주신

예수님의 이름으로 기도드립니다. 아멘.

부모님을 위한 축복 기도

부모님을 위한 기도

하나님이 사람을 창조하실 때에

하나님의 모양대로 지으시되 남자와 여자를 창조하셨고

그들이 창조되던 날에 하나님이 그들에게 복을 주시고

그들의 이름을 사람이라 일컬으셨더라 창 5:1,2

사랑하는 주님,

부모님을 지으실 때 부모로 지으신 것이 아니라

저와 똑같은 사람으로 지으셨는데,

부모가 되었다는 이유 하나로

평생을 자식들을 위해 희생하고 수고한 부모님의

삶의 모습 속에서 하나님의 형상이 느껴집니다.

멀리 있는 십자가 사랑을 제 가슴으로 끌어온 것은

부모님의 사랑이었습니다.

사랑하는 부모님이 지어지던 날

부모님을 크게 축복하셨다 하시니 감사합니다.

하나님께 복을 받는 것보다 더 큰 축복은 없습니다.

부모님의 삶의 환경이 어떠했든지

어떤 인생의 길을 걸어왔든지 그것과 상관없이

부모님이 하나님께 큰 복을 받았다는 것을

기억하며 살게 해주시옵소서.

저에게 가장 큰 사랑을 베푸신 부모님은

저에게만큼은 세상 누구보다 크고 자랑스러운 분입니다.

온몸으로 저희를 지켜냈던 부모님의 사랑과

밤낮없이 살아오신 그 삶을 잊을 수 없습니다.

평생을 자식들을 위해 수고했으면서도

자식들에게 짐이 될까 늘 걱정하며 사시고,

아파도 괜찮다 하시고,

병원에 가자 해도 늘 참을 만하다 하셨던 부모님.

주님, 사랑하는 부모님을 기억하시고 축복해주시옵소서.

네 부모를 즐겁게 하며 너를 낳은 어미를 기쁘게 하라

잠 23:25

주님, 철없던 시절 부모님의 마음을 상하게 했던 일들이
후회됩니다.
근심거리가 되었던 일들, 걱정을 시켰던 일들을
이 시간 회개하오니 주님, 용서해주시옵소서.
이제 부모님을 기쁘게 하는 삶을 살겠습니다.
부모님의 마음에 즐거움을 드리는 자녀가 되겠습니다.
부모님의 자랑이 되는 자녀가 되겠습니다.
주님, 도와주시옵소서.

주님, 사랑하는 부모님을 축복합니다.
존경하는 아버지에게 큰 복을 내려주시옵소서.
사랑하는 어머니를 놀랍게 축복해주시옵소서.
날마다 하나님의 말씀 안에 거하는 복을 주시옵소서.
하나님의 말씀을 밤낮으로 묵상하는 복을 주시옵소서.
종일토록 주의 말씀에 붙들려 사는 복을 주시옵소서.
쉬지 않고 기도하는 복을 주시고
기도의 응답을 받는 복을 주시옵소서.

그는 시냇가에 심은 나무가 철을 따라 열매를 맺으며
그 잎사귀가 마르지 아니함 같으니
그가 하는 모든 일이 다 형통하리로다 시 1:3

시냇가에 심은 나무가 철을 따라 열매를 맺듯이
사랑하는 부모님에게 시간이 더할수록
더욱더 풍성한 열매를 맺게 해주시옵소서.
푸르른 잎사귀가 무성한 나무처럼
나이가 들어도 생기가 가득하게 하시고
하는 일마다 모두 형통케 되는 복을 주시옵소서.

의인은 종려나무같이 번성하며
레바논의 백향목같이 성장하리로다
이는 여호와의 집에 심겼음이여
우리 하나님의 뜰 안에서 번성하리로다
그는 늙어도 여전히 결실하며 진액이 풍족하고
빛이 청청하니 시 92:12-14

주님, 사랑하는 부모님에게
종려나무의 복을 주셔서 번성하게 하시고
백향목의 복을 주셔서 날마다 성장하게 해주시옵소서.
부모님의 영혼이 여호와의 집에 심기게 하시고
부모님의 삶이 하나님의 뜰 안에 머물게 하셔서
하는 일마다 모두 번성케 되는 복을 주시옵소서.
늙어서도 강건함의 복을 주시고

주변 사람들에게 좋은 빛을 발하는 복을 주시옵소서.

인생은 그 날이 풀과 같으며
그 영화가 들의 꽃과 같도다 시 103:15

주님, 인생이 영원할 것 같아 보여도
찰나와 같은 것이 인생입니다.
평생을 그 자리에 계셨던 부모님이시기에
언제나 그 자리에 계실 것 같은 생각에
연락도 자주 하지 못했습니다.
그러나 부모님과 함께할 수 있는 시간이
결코 영원하지 않음을 기억합니다.

이제 부모님께 더 자주 안부를 묻겠습니다.
사랑한다고 더 많이 고백하겠습니다.
감사하다고 더 자주 말하겠습니다.
수고하신 어머니의 거친 손을 더 오래 잡아드리고
비뚤어진 아버지의 어깨를 더 꼭 안아드리겠습니다.
한 번이라도 더 부모님의 얼굴을 보기 위해 애쓰겠습니다.
사랑하는 부모님에게
살아온 삶을 감사로 돌아볼 수 있는 은혜를 주시고

하루하루를 기쁨으로 살아가는 복을 주시옵소서.

너희가 노년에 이르기까지 내가 그리하겠고
백발이 되기까지 내가 너희를 품을 것이라
내가 지었은즉 내가 업을 것이요
내가 품고 구하여 내리라 사 46:4

사랑하는 주님,
부모님이 늙어 백발이 되어도
하나님께서 부모님의 하나님이 되어주시옵소서.
부모님을 어린아이처럼 업어주시고 품어주시옵소서.
주님께서 돌봐주시고, 보살펴주시고, 지켜주시옵소서.
언제나 주님께서 의지할 곳이 되어주시옵소서.
그 인생의 마지막까지
맡겨진 사명을 다하는 삶이 되게 하시고
믿음의 유산을 남기는 복된 삶이 되게 해주시옵소서.

저에게 사랑하는 부모님을 허락하시고,
저의 영원한 하늘 아버지가 되시는
예수님의 이름으로 기도드립니다. 아멘.

행복한 중년을 위한 기도

중년을 위한 기도

사랑하는 주님,

인생의 가장 힘든 시간을 보내고 있는

이 땅의 중년들을 위해 기도합니다.

진급에서 점점 멀어져도 직장에서 버텨내야 하고,

수입은 줄어들지만

부모님을 모시고 자녀들을 돌봐야 한다는 부담감은 커지고

그래도 살아내야 한다는 책임감에 자신은 온데간데없이

하루하루 버티며 살아가고 있습니다.

내가 누구인지 내가 무엇을 원하는지 잃어버린 채

그저 쉼 없이 달려와 보니 마음이 텅 빈 것 같습니다.

살아내고 버텨내야 한다는 압박감 때문에

하나님께서 허락하신 이 아름다운 오늘의 시간을

빨리 끝내야 할 숙제처럼 여기며 살아가고 있습니다.

지나가는 젊은이들이 부럽게 느껴지고

지나간 젊은 시절이 그립습니다.

어느 순간 배는 불룩 튀어나오고

선명한 팔자 주름에 머리는 희어지고

거울에 비치는 세월의 흔적을 바라보면

언제 이렇게 시간이 흘렀는지 마음이 무겁게 느껴집니다.

몸도 예전 같지 않습니다.

점점 먹는 약도 많아지고,

약해지는 몸을 보면 불안하기도 하고 우울해지기도 합니다.

이렇게 열심히 살았는데 남은 것이 아무것도 없는 것 같고

무엇을 위해 그렇게 아등바등 살아왔는지

쓸쓸함이 밀려옵니다.

제대로 살아온 것이 맞는지

제대로 가고 있는 것이 맞는지

산다는 것이 무슨 의미가 있나

남은 인생은 어떻게 살아야 하나 고민이 깊어집니다.

비교하면 안 된다는 것을 알면서도

주변 사람들과 비교하며 스스로 좌절감의 덫에 빠지고,

밑에서 치고 올라오는 젊은 사람들을 보면서

자신감도 잃게 됩니다.

친구도 만나고 싶고 수다도 떨고 싶고

어디론가 훌쩍 여행도 떠나고 싶은데

그럴 여유 없이 살아왔습니다.

주님, 이 땅의 중년들을 불쌍히 여겨주시옵소서.

하나님이 모든 것을 지으시되 때를 따라 아름답게 하셨고

또 사람들에게는 영원을 사모하는 마음을 주셨느니라

그러나 하나님이 하시는 일의 시종을

사람으로 측량할 수 없게 하셨도다 전 3:11

주님, 중년의 때를 위기의 시간이라 해도

이 시간도 하나님께서 허락하신

아름다운 시간임을 고백합니다.

인생의 가장 아름다운 시간으로 이 시기를 보낼 수 있도록

이 시기의 모습 또한 아름답게 바라볼 수 있도록

주님께서 은혜를 베풀어주시옵소서.

힘겹게 살아가는 중년들을 향해

"수고했다. 참 잘 살아왔다.

이만하면 잘한 거야. 잘 살아온 거야."

주님께서 위로해주시옵소서.

주님, 이제 지나간 시간을 후회하는 것이 아니라
감사하는 마음으로 바라보고
긍정적으로 바라볼 수 있도록 도와주시옵소서.
까칠한 마음과 고집스런 마음을 내려놓고
조금 더 부드럽고 조금은 너그러운 사람이 되게
해주시옵소서.
사람들에게 웃음을 주고
자상하고 따뜻하게 말을 건네며
마음을 열고 사람들의 이야기에 귀 기울여주는
멋있는 어른이 되게 해주시옵소서.
젊은 사람들과도 잘 어울리고
열린 마음으로 변화를 받아들일 수 있는
유연한 마음을 주시옵소서.
꾸준한 독서로 사고가 풍요로워지고,
계속해서 배우고 성장하는 기쁨을 알게 해주시옵소서.
감정과 생각을 적절하게 표현할 지혜를 주시고,
긍정적으로 생각하고 긍정적으로 말하는 습관을 위해
계속해서 노력하게 해주시옵소서.

주님,
중년의 때는 새로운 꿈을 꾸기 가장 좋은 시간입니다.

꿈꾸는 삶에 게을러지지 않게 하시되
그러면서도 주변을 돌아보고 배려하는
여유있는 마음 또한 주시옵소서.

주님, 어쩌면 중년의 시간은
죽음에 가장 가까이 다가와 있는 시간인 것 같습니다.
예기치 못한 죽음의 위협 앞에
속수무책으로 무너지는 것을 보게 됩니다.
이제 누구도 건강에 자신할 수 없습니다.
몸을 잘 돌보고 체력을 잘 관리할 수 있도록
도와주시옵소서.
균형 있는 식단 조절과 몸에 맞는 운동을
적절하고 꾸준하게 해나가며
규칙적인 생활로 좋은 컨디션을 유지하게 해주시옵소서.
쉼과 안식의 시간을 보내는 법도 잘 배우게 하셔서
몸과 마음을 느긋하고 여유롭게 관리하게 해주시옵소서.

주님, 배우자와 함께 살아왔지만
삶에 치여 살다 보니 배우자를 잘 모릅니다.
무슨 생각을 하는지, 무슨 감정을 느끼는지,
어떤 꿈을 꾸고 있는지 모르는 채 그냥 살아왔습니다.

참을 만큼 참았고 이제 정도 다 떨어져서

더는 못 참겠다는 마음에 나쁜 생각을 하는 이도 있습니다.

주님, 이 땅의 중년들을 지켜주시옵소서.

주님, 바람피우는 배우자로 인해

많은 가정이 고통 가운데 있습니다.

부적절한 만남의 유혹에서 지켜주시고

가정을 지켜주시옵소서.

건강한 부부생활을 통해 중년의 위기를 잘 이겨내고

배우자와 함께 외롭지 않게

중년의 시간을 보내게 해주시옵소서.

소중한 사람들과의 관계를 잘 관리하는 지혜를 주시옵소서.

자녀들에게 지나치게 집착했던 마음도 내려놓고

자녀들의 삶을 인정하고 존중하면서

적당한 거리를 갖는 지혜를 주시옵소서.

주님, 우리의 가정에 평화가 있게 해주시옵소서.

주님, 중년의 고단함을 함께 나눌 좋은 친구가 필요합니다.

모든 가면을 벗고 만날 수 있는 친구,

함께 울고 함께 웃을 수 있는 믿음의 공동체가 필요합니다.

서로의 마음을 알아주고 서로의 삶을 진심으로 응원해줄
좋은 친구를 허락해주시옵소서.

사람들이 사는 동안에 기뻐하며 선을 행하는 것보다
더 나은 것이 없는 줄을 내가 알았고
사람마다 먹고 마시는 것과 수고함으로 낙을 누리는 그것이
하나님의 선물인 줄도 또한 알았도다 전 3:12,13

주님, 중년의 시간은 가진 것이 가장 많은 시간입니다.
선을 행하기에 가장 좋은 시간입니다.
앞만 보며 달려왔던 삶의 속도를 조금 줄이고
그동안의 경험과 지혜와 시간을 주변에 나누는 것을 통해
삶의 의미를 찾게 해주시옵소서.
누구도 믿어주지 않는 사람을 믿어주고
기회가 없는 사람에게 기회를 주고
방향을 잃은 사람과 동행해주며
좋은 사람을 연결해주는 것을 통해
주변 사람들이 잘되도록 돕는 삶을 살게 해주시옵소서.
주변 사람을 세워주는 것처럼 멋있는 삶이 어디 있겠습니까.
하나님께서 하실 일들을 기대하며
그들의 꿈을 응원하고 자신감을 심어주는

멋있는 어른으로 살아가게 하시고
그 기쁨을 누리는 삶이 되게 해주시옵소서.

범사에 기한이 있고 천하 만사가 다 때가 있나니
날 때가 있고 죽을 때가 있으며
심을 때가 있고 심은 것을 뽑을 때가 있으며
죽일 때가 있고 치료할 때가 있으며
헐 때가 있고 세울 때가 있으며
울 때가 있고 웃을 때가 있으며
슬퍼할 때가 있고 춤출 때가 있으며 전 3:1-4

주님, 중년은 가장 좋은 시간입니다.
가장 많은 것을 가졌고
가장 많은 것을 할 수 있고
가장 많은 것을 나눌 수 있는 시기입니다.
이 시간을 하나님과 함께 살아가고 하나님을 위해 살아내는
이 땅의 모든 중년들이 되게 해주시옵소서.

우리 인생의 모든 계절을 아름답게 하시는
예수님의 이름으로 기도드립니다. 아멘.

아름다운 노년을 위한 기도

노년을 위한 기도

주님,

이 시간 우리의 아름다운 미래를 위해 기도합니다.

나이가 들수록 행복해지는 삶을 위해 기도합니다.

주님,

우리의 생각이 우리의 삶을 결정합니다.

우리의 마음이 우리의 행복을 결정합니다.

주님, 제가 제 생각과 제 마음을 잘 다스려

날마다 행복을 선택하며 살게 해주시옵소서.

제가 행복해야 할 이유는 이미 넘치도록 충분합니다.

행복은 좋은 것을 얼마나 많이 가지냐에 있지 않고

가진 것을 얼마나 잘 누리느냐에 있음을 압니다.

나이가 들수록, 더 많이 소유하려고 애쓰는 삶이 아니라
하나님께서 베푸신 은혜를 잘 누리는 삶이
되게 해주시옵소서.

사랑하는 주님,
제가 겪었던 그 어떤 고난보다
언제나 하나님의 은혜가 훨씬 더 컸음을 기억합니다.
그 하나님께서 오늘도 제 삶을 인도하시고
저의 내일도 책임져 주실 것을 믿습니다.
주님,
어제보다 오늘 제 삶은 더 눈부실 것입니다.
오늘보다 내일 제 삶은 더 풍성해질 것입니다.
나이가 들수록 제 삶은 더 행복해질 것입니다.
시간이 흐를수록 제 삶은 더 아름다울 것입니다.
아직 제 인생의 최고의 날은 오지 않았습니다.
아직 하나님의 특별한 은혜가 남아 있습니다.
하나님께서 준비하신 놀라운 일들이
저를 기다리고 있음을 믿습니다.

주님, 이제 사람들의 시선을 의식하며
사람들의 평가에 좌지우지되는 삶을 멈추겠습니다.

사람들에게 잘 보이기 위해 사람들의 눈치를 보며
애쓰는 삶을 멈추겠습니다.
사람들의 기대에 부응하기 위한 헛된 노력을 멈추겠습니다.
주변 사람들과 비교하고 경쟁하는 데
제 삶을 허비하지 않겠습니다.
바꿀 수 없는 것에 제 인생을 낭비하지 않겠습니다.
하나님께서 저를 어떻게 지으셨는지 돌아보고
하나님께서 창조하신 그대로의 나를 사랑하고
저를 이렇게 지으신 하나님의 뜻이 있음을 믿고
사명을 다하는 삶이 되게 해주시옵소서.

주님,
제 삶의 실수를 생각하면서 인생을 허비하지 않겠습니다.
제 연약함을 생각하면서 에너지를 낭비하지 않겠습니다.
하나님께서 베푸신 은혜를 기억하며 내일을 기대하겠습니다.
하나님께서 베푸신 축복을 묵상하며 내일을 소망하겠습니다.

주님, 제가 정상을 바라보며 살아가되
정상만 바라보며 살지 않게 해주시옵소서.
삶의 속도를 조금 줄이고 주변을 돌아보며
인생을 즐길 수 있는 여유를 주시옵소서.

지금 제 곁에 있는 이 사람이

내일도 이 자리에 있을 거라 장담할 수 없습니다.

함께 있는 동안 한 번이라도 더 안부를 물어보고

한 번이라도 더 사랑을 고백하고

한 번이라도 더 안아줄 수 있는 삶의 지혜를 주시옵소서.

저를 위해 기도하고 저를 위해 참아주고

저를 응원하며 기다려준 고마운 사람들의 수고를

당연하게 여기지 않게 하시고

감사한 마음을 전할 수 있는 용기를 주시옵소서.

하나님,

제 삶에 예상치 못한 일이 일어났을 때

내 삶에 왜 이런 일이 일어났을까 원망하기보다

어떻게 살아야 할까 질문하는 삶이 되게 해주시옵소서.

제 삶에 일어나는 예상치 못한 일들은

하나님의 놀라우심을 드러낼 수 있는 정말 좋은 기회입니다.

문제를 바라보며 낙심하는 것이 아니라

문제를 해결하시는 하나님을 바라보는

믿음의 눈을 열어주시옵소서.

저를 힘들게 하는 일들도 다 지나가게 될 것입니다.

저를 괴롭게 하는 사람도 다 지나가게 될 것입니다.

영원할 것 같던 아픔과 상처도 다 지나가게 될 것입니다.
그렇기에, 저를 공격하고 저를 힘들게 하는 모든 것들로부터
신경을 끄고 살 수 있는 결단력을 주시옵소서.
저를 싫어하는 사람들을 멀리하게 하시고
저를 끌어내리는 사람들에게서 저를 지켜주시옵소서.

저는 오늘 하루도 최선을 다해
기쁨을 선택하겠습니다.
감사를 선택하겠습니다.
행복을 선택하겠습니다.
축복을 선택하겠습니다.
주님, 나이가 들수록
제 눈이 좋은 것만 보게 하시고
제 귀가 좋은 것만 듣게 하시고
제 입이 좋은 것만 말하게 해주시옵소서.
제 발이 좋은 곳을 찾아가게 하시고
제 손이 좋은 사람을 붙잡게 해주시옵소서.

주님,
나이가 들수록 세상을 조금은 긍정적으로 바라볼 수 있는
순전한 마음을 주시고

나와 다른 사람을 있는 그대로 바라볼 수 있는
넉넉한 마음을 주시옵소서.
주님, 행복이 멀리 있지 않습니다.
저의 작은 습관에 행복이 있습니다.
불평하고 원망하는 습관을 버리고
감사하고 찬양하는 습관을 익히게 해주시옵소서.
하나님께서 베푸신 은혜를 하나하나 세어보는
거룩한 습관을 주시옵소서.

주님, 제가 나이 들수록 더 크게 웃겠습니다.
나이 들수록 더 많이 기뻐하겠습니다.
나이 들수록 더 자주 감사하겠습니다.
나이 들수록 더 친절한 사람이 되겠습니다.
주님, 나이가 들수록 성공에 집착하는 것이 아니라
다른 사람이 잘 살아가도록 돕는 삶을 살겠습니다.
자신의 삶을 사랑하지 못하는 사람들이
자신의 삶을 사랑할 수 있도록,
내일에 대한 기대가 없는 사람들이
내일에 대한 소망을 가질 수 있도록,
자신의 잠재력을 찾지 못한 사람들이
자신이 가진 엄청난 가능성을 발견할 수 있도록,

하나님에 대한 믿음이 없는 사람들이

하나님을 믿는 믿음을 가질 수 있도록

돕는 삶이 되게 해주시옵소서.

하나님,

제 삶과 제 존재가 의미 없이 잊히는 것이 아니라

누군가의 삶에 기억되어

삶을 살아낼 한 줌의 힘이 되게 해주시옵소서.

아름다운 노년을 위해

내일이 아니라 오늘을 살게 해주시옵소서.

오늘 제게 주어진 일을 사랑하고

오늘 제게 허락된 만남을 사랑하고

오늘 제게 허락된 시간을 사랑하게 해주시옵소서.

주님, 제 삶에 단 하루도 평범한 날은 없었습니다.

하루하루가 기적이고

하루하루가 은혜이고

하루하루가 축복이었습니다.

그 주님께서 함께하시기에

저의 노년은 아름다울 것입니다.

다윗이 죽을 날이 임박하매

그의 아들 솔로몬에게 명령하여 이르되

내가 이제 세상 모든 사람이 가는 길로 가게 되었노니

너는 힘써 대장부가 되고 네 하나님 여호와의 명령을 지켜

그 길로 행하여 그 법률과 계명과 율례와 증거를

모세의 율법에 기록된 대로 지키라

그리하면 네가 무엇을 하든지 어디로 가든지 형통할지라

왕상 2:1-3

주님, 제 삶의 마지막에 다윗처럼

해줄 이야기가 있게 해주시옵소서.

제 삶을 아름답게 빚어가실

예수님의 이름으로 기도드립니다. 아멘.

믿음이 연약한 자를 위한 기도

믿음이 연약한 자

주님,

믿음이 연약한 가운데 살아가는 저희의 삶은

그야말로 불안하기 그지없습니다.

하나님 없이도 살 수 있을 것 같지만

홀로 있는 시간,

텅 비어 있는 자신을 마주하게 될 때면

이 거대한 우주에 홀로 버려진 것 같아서 두렵습니다.

사람들의 인정과 사람들의 박수와 환호에 목말라하며

사람들의 눈빛 속에서 자신의 가치를 발견하기에,

사람들의 시선에서 밀려나는 순간

견딜 수 없는 외로움이 찾아옵니다.

이 불안한 마음에서 벗어나고자
끊임없이 분주하게 움직이지만 불안이 멈추질 않습니다.
뭐라도 다른 사람보다 더 잘나야 한다는 생각에
몸부림쳐보지만
우월감과 열등감 사이만 시계추처럼 왔다 갔다 합니다.

늘 저 사람보다 더 잘해야 하고
저 사람보다 더 많이 가져야 하고
저 사람보다 더 크게 성공해야 하고
언제나 다른 사람보다 자신이
더 주목받고 드러나야 합니다.
그러다 자신보다 뛰어난 사람을 만나면
부족한 자신을 자책하고
자신을 지으신 하나님을 원망하고
누군가를 탓하고 비난하면서
삶의 기쁨을 잃어버린 채 살아갑니다.
주님, 이것은 믿음으로 사는 것이 아닙니다.

사랑하는 주님,
오늘 연약한 믿음을 붙들고 주님 앞에 머리를 숙인
사랑하는 당신의 자녀들이 있습니다.

자신의 연약한 믿음으로 인해 부끄러운 마음을 안고
주님 앞에 선 자녀들을 위로해주시옵소서.
믿음을 고백했지만 작은 유혹 앞에서 쉽게 흔들리는
당신의 자녀들에게 은혜를 주시옵소서.
믿고 싶지만 믿어지지 않아 괴로워하며
어디서부터 시작해야 할지 몰라
오늘도 방황하는 당신의 자녀들을
긍휼히 여겨주시옵소서.
머리로는 아는 것 같은데 마음에서 동의가 되지 않아
괴로워하는 당신의 자녀들을 불쌍히 여겨주시옵소서.
이 시간 사랑하는 자녀들에게 믿음을 주시옵소서.

제가 누구이든 상관없고
제가 어떤 죄인이든 상관없으며
제가 얼마나 큰 죄를 지었든 상관없이
예수 그리스도로 말미암아 회복되었다고 말씀하시는
하나님을 바라봅니다.

이제 저를 위해 십자가 지신 놀라운 사랑을 붙들겠습니다.
무너진 저의 가치를 회복시키신 하나님을 바라보겠습니다.

여전히 무너져 있는 저를 향해

"너는 사랑하는 내 아들이요 내가 기뻐하는 자라"

하시는 하나님의 말씀을 붙들겠습니다.

주님, 이제 저의 노력이나 성취를 자랑하는 삶을 멈추고

저를 위해 놀라운 일을 행하신 예수 그리스도를 믿고

예수 그리스도를 자랑하는 삶을 살겠습니다.

내가 그리스도와 함께 십자가에 못 박혔나니

그런즉 이제는 내가 사는 것이 아니요

오직 내 안에 그리스도께서 사시는 것이라

이제 내가 육체 가운데 사는 것은

나를 사랑하사 나를 위하여 자기 자신을 버리신

하나님의 아들을 믿는 믿음 안에서 사는 것이라 갈 2:20

주님, 이제 저는 죽었습니다.

철저하게 자기중심적인 저는 십자가에 못 박혔습니다.

이기적인 저의 자아는 죽었습니다.

연약한 저는 죽었습니다.

우월감과 열등감에 빠져 사는 저는 죽었습니다.

저를 드러내고 싶고 제가 주목받고 싶어 하는 저는

이제 죽었습니다.

두려움과 외로움에 허덕이는 저는 죽었습니다.

이제 제 안에 주님이 사십니다.

저의 심령 안에 주님이 사십니다.

저의 모든 생애 속에 주님이 사십니다.

이제 저는 주님의 뜻을 구하며 살 것입니다.

주님의 뜻을 따라 살 것입니다.

죄인 된 저를 사랑하신 하나님의 뜻,

저를 사랑하셔서 자신의 몸을 내어주신 그리스도의 뜻,

저를 회복시키시기 위해 십자가를 지신

예수님의 뜻을 따라 살겠습니다.

제 삶의 중심에 예수님을 모십니다.

제 삶의 방향을 예수님으로 정했습니다.

예수님이라면 어떻게 하실까?

이것이 제 삶의 방식이 되게 하겠습니다.

믿음은 바라는 것들의 실상이요

보이지 않는 것들의 증거니 히 11:1

주님,

바라는 것을 실제가 되게 하는 것이 믿음입니다.

보이지 않지만 보이는 것보다 더 확실한 증거가

믿음입니다.

이제 보이는 것을 바라보며 사는 것이 아니라

보이지 않는 하나님을 바라보며 살겠습니다.

눈에 보이는 것으로 좌절하는 것이 아니라

보이지 않는 하나님을 의지하며 살겠습니다.

눈에 잘 보이지 않는 작은 겨자씨 한 알 같은 믿음으로도

큰 산을 옮기시겠다고 하신 하나님의 약속을 신뢰하며

믿음으로 살겠습니다.

믿음을 사용하겠습니다.

저는 부족하지만 하나님은 완전하십니다.

저는 연약하지만 하나님은 강하십니다.

저는 실패했지만 하나님은 승리하셨습니다.

저는 할 수 없지만 하나님은 모든 것을 하실 수 있습니다.

주님, 이제 눈에 보이는 제가 아니라

보이지 않는 하나님으로 살 것입니다.

완전하신 하나님을 선포하며

강하신 주님을 신뢰할 것입니다.

승리하신 주님을 바라볼 것입니다.

모든 것을 하실 수 있는 주님을 붙들고
믿음으로 살아갈 것입니다.
주님, 제게 믿음을 주시옵소서.
살아있는 믿음을 주시옵소서.
구원받는 믿음을 주시옵소서.
행함이 있는 믿음을 주시옵소서.

상황을 뛰어넘게 하는 믿음을 주시고
기적을 일으키는 믿음을 주시옵소서.
하나님을 제한하지 않는 믿음을 주시고
하나님의 말씀에 온전히 순종하는
강력한 믿음을 주시옵소서.
시간이 지날수록 점점 더 믿음이 좋아지게 하시고
영적으로 자라나게 해주시옵소서.
우리의 믿음을 완성시켜 나가실 주님을 찬양합니다.

연약한 우리를 선택하셔서 믿음의 사람으로 세워가시는
예수님의 이름으로 기도드립니다. 아멘.

영혼 구원을 위한 기도

영혼 구원

우리는 그리스도 안에서 그의 은혜의 풍성함을 따라

그의 피로 말미암아 속량 곧 죄 사함을 받았느니라 엡 1:7

그 안에서 너희도 진리의 말씀 곧 너희의 구원의 복음을 듣고

그 안에서 또한 믿어 약속의 성령으로 인치심을 받았으니

엡 1:13

사랑하는 주님,

예수 그리스도의 십자가 복음이 저를 다시 살게 했습니다.

어디로 가야 할지 몰라 방황하던 저의 영혼을

안전한 구원의 항구로 인도한 것은

그리스도의 복음이었습니다.

만왕의 왕 되신 하나님께서 죄인 된 제 삶에 찾아오셔서

제 삶을 다스리게 한 것은 십자가의 복음이었습니다.

죄의 길에서 벗어날 수 없었던 저에게

죄 사함의 은혜를 누리게 한 것은

그리스도의 피 묻은 복음이었습니다.

단 하루도 살아갈 힘이 없고,

단 한 호흡도 더 할 수 없을 것 같은 저에게

영원한 삶을 꿈꾸게 하고 풍성한 삶을 누리게 한 것은

그리스도의 은혜의 복음이었습니다.

저의 모든 무거운 짐을 벗어던지게 한 것은

예수 십자가의 복음이었습니다.

더 이상 저의 노력과 저의 수고와 저의 애씀이 아니라

오직 은혜로 살아가는 즐거움을 누리게 한 것은

그리스도의 십자가 복음이었습니다.

저를 조금 더 나은 사람이 되는 것을 넘어서서

완전히 새로운 사람으로 다시 태어나게 한 것은

갈보리 십자가 복음이었습니다.

세상이 줄 수 없는 기쁨,

세상이 흔들 수 없는 기쁨,

세상의 가치를 뛰어넘는 기쁨을 허락한 것은

우리 주 예수 그리스도의 복음이었습니다.

수없이 많은 우상에 매여 살던 저를

하나님 안에서 진정한 자유를 누리게 한 것은

예수가 구원자라는 복음이었습니다.

채워도 채워도 결코 채워지지 않는

영혼의 깊은 갈증과 목마름을 단번에 해갈시킨 것은

죄 사함의 복음이었습니다.

어그러지고 깨지고 상처받은 제 영혼을 싸매고 치료한 것은

아무 조건 없이 사랑하신 그리스도의 복음이었습니다.

고난의 자리에서도 감사를 고백하며 살아가게 한 것은

하나님의 전적인 은혜의 복음이었습니다.

이 복음이 저를 살게 했고

이 복음이 저를 새롭게 했으며

이 복음이 저의 소망이 되었습니다.

저를 위해 죽으시고 부활하신

예수 그리스도의 놀라운 복음이야말로

제 삶의 대안이면서 온 세상의 유일한 대안입니다.

사랑하는 주님,

여전히 복음을 모른 채 살아가는 사랑하는 가족이 있습니다.

예수님이 어떤 분이신지, 예수님이 어떤 일을 하셨는지
전혀 관심 없이 살아가는 친구들이 있습니다.
그저 뉴스를 통해 들려오는 교회의 나쁜 소식들에
자신들의 마음을 빼앗겨버린 채
복음을 알려고조차 하지 않는 이웃들이 있습니다.
그리스도인에 대한 비난을 넘어서서
그리스도인을 경멸하듯 바라보는 동료들도 있습니다.

주님, 사랑하는 저들을 불쌍히 여겨주시옵소서.
"나는 예수 필요 없어!"라고 외치는 교만한 마음을
깨뜨려주시옵소서.
내가 할 수 있는 것이 아무것도 없다는 것을
깨달을 수 있는 정직한 마음을 주시고,
그저 값없이 선물로 주시는 은혜의 구원을
받아들일 수 있는 겸손한 마음을 주시옵소서.
하나님 아닌 다른 것에서 구원을 얻으려 하고
하나님 아닌 다른 것에서 기쁨을 찾으려 하고
하나님 아닌 다른 것에서 행복을 얻으려 했던
모든 우상을 내려놓게 해주시옵소서.
무엇이 진정한 진리인지 찾고자 하는
열린 마음을 주시옵소서.

예수님만이 저들의 상처를 치유하실 수 있습니다.

예수님만이 저들의 죄를 용서하실 수 있습니다.

예수님만이 저들의 진정한 도움이 되실 수 있습니다.

주님, 사랑하는 저들에게 필요한 것은 예수님입니다.

이 시간 주님께서 찾아가 주시고 만나주시옵소서.

저들의 마음을 두드려주시옵소서.

주님께서 두드리시는 소리가 들리게 하시고

상황과 환경과 사람을 통해 말씀하시는

하나님의 음성이 들리게 해주시옵소서.

저들의 굳어진 마음과 어두워진 마음을

주여, 만져주시옵소서.

그동안 믿어왔던 모든 우상을 버리고

그리스도께 삶의 방향을 돌이키게 해주시옵소서.

자기 노력으로는 결코 구원받을 수 없음을 깨닫고,

예수님을 구원자와 주님으로 고백하는 은혜를 주시옵소서.

삶의 방향을 바꾸는 진지한 회개와

예수 그리스도를 나의 구원자와 주님으로 고백하는

믿음을 주시옵소서.

영원한 생명과 풍성한 삶이

오직 예수 그리스도 안에 있다는 것을 알게 해주시옵소서.

더 이상 공허한 마음을 채우기 위해
채울 수 없는 것들에 인생을 걸지 않게 하시고
외로운 마음을 달래기 위해 붙들었지만
더 지독한 외로움의 늪에 빠지게 했던 우상들을
내려놓게 해주시옵소서.
제가 하나님을 선택하기 전에
하나님께서 먼저 저를 선택해주셨듯
오늘 이 은혜가 사랑하는 저들에게 임하기를
간절히 기도합니다.

사랑하는 주님,
제가 어떤 사람이든
제가 어떤 삶을 살았든 상관없이,
제가 어떤 재능을 가졌고
제가 어떤 노력을 했는지도 전혀 상관없이,
그저 예수 그리스도를 믿는 믿음을 보시고
저를 자녀 삼아주신 하나님의 놀라운 사랑을 기억합니다.
제가 해야 할 모든 것을 예수님이 다 하셨기에
더 이상 제가 해야 할 것이 아무것도 없다는 것을 압니다.
저를 살게 한 이 복음이 저들에게도 필요합니다.
수고하고 애쓰면서도 늘 공허함 가운데 살아가는

저들에게 필요한 것은
더 열심히 살라는 동기부여가 아니라
우리 영혼의 진정한 안식처가 되시는 예수님이십니다.
이 놀라운 십자가 복음, 전적인 은혜의 복음이
사랑하는 저들에게 들리게 해주시옵소서.

"수고하고 무거운 짐 진 자들아
다 내게로 오라, 다 내게로 오라"

오늘 저들을 부르시는 주님의 음성이
저들의 귓가에 들리게 해주시옵소서.

"너는 내 사랑하는 자녀란다.
너는 내가 산 내 아들이고, 내가 핏값으로 산 내 딸이야."

오늘도 우리에게 이렇게 말씀하시는 하나님의 음성이
들려오게 해주시옵소서.
꿈속에라도 찾아가 말씀해주시옵소서.

"너는 나를 누구라 생각하느냐" 물으실 때
"주는 그리스도시요 살아계신 하나님의 아들이십니다"

고백했던 베드로의 고백이

사랑하는 부모님의 입술에서 고백될 수 있도록

성령님, 역사해주시옵소서.

의심하던 도마가 예수님의 옆구리를 만지고

"나의 주님이시요 나의 하나님"이라고 고백했던 것처럼

사랑하는 우리 자녀들이 모든 의심을 버리고

예수님을 나의 주 나의 하나님이라 고백할 수 있는

은혜를 내려주시옵소서.

주님과 함께 십자가에 달려

"예수여, 당신의 나라에 임하실 때 나를 기억하소서"

외쳤던 강도의 고백이

사랑하는 친구들의 고백이 되게 해주시옵소서.

영원하신 하나님께서 죄인된 저를 구원하기 위해

스스로 이 땅에 오셔서

제가 받아야 할 고난을 대신 받으시고

제가 죽어야 할 죽음을 대신 죽으심으로

저를 구원하신 이 놀라운 복음이

사랑하는 가족들의 마음에

생생한 음성으로 들려오게 해주시옵소서.

무엇보다, 내 힘으로 할 수 있는 것이 아무것도 없고

내 힘으로는 결코 안 된다는 것을 알게 해주시옵소서.
우리가 할 수 있는 것이 아무것도 없기에
우리를 위해 이 땅에 오신 예수 그리스도를 의지하는
믿음을 주시옵소서.
은혜가 필요하다는 것을 느끼게 해주시옵소서.

우리를 구원하기 위해 이 땅에 오셔서
십자가를 지셨을 뿐만 아니라,
오늘 나를 구원하기 위해 나를 찾아오신 예수님의 사랑이
실제적으로 느껴지게 해주시옵소서.
우리를 살리시기 위해
하나님의 아들이신 예수 그리스도께서 이 땅에 오셔서
십자가를 지신 이 놀라운 복음의 소식이
저들의 마음에 들리게 하시고 믿어지게 해주시옵소서.
구원자 되신 그리스도께 온전히 항복할 수 있는
믿음을 주시옵소서.
모든 의심이 진리 안에서 믿음이 되게 해주시옵소서.

보혜사 곧 아버지께서 내 이름으로 보내실 성령
그가 너희에게 모든 것을 가르치고
내가 너희에게 말한 모든 것을 생각나게 하리라 요 14:26

진리의 성령님,

이 시간 임하여 주시옵소서.

성령님을 통해 복음을 깨닫게 하시고,

믿어지게 하시고, 진정한 평안을 누리게 해주시옵소서.

주님,

제가 사랑하는 가족들을 위해 더욱더 기도하겠습니다.

제가 사랑하는 친구들에게 더 가까이 다가가겠습니다.

사랑하는 이웃들의 필요가 무엇인지 더 관심을 가지고

들여다보고, 그들의 실제적인 도움이 되어주겠습니다.

주님, 제가 복음의 통로가 되게 해주시옵소서.

저를 사용해주시옵소서.

저의 시간과 저의 물질과 저의 사랑과 저의 기도를

주여, 사용해주시옵소서.

저를 통해 한 영혼이 주님 앞에 돌아오는 기적이

일어나게 해주시옵소서.

저를 통해

사랑하는 부모님이 주님께 돌아오게 해주시옵소서.

저의 기도를 통해

사랑하는 자녀들이 예수님께 돌아오게 해주시옵소서.

저의 섬김을 통해
사랑하는 친구와 이웃이 예수님을 만나게 해주시옵소서.

주님, 역사해주시옵소서.
이 시간 응답해주시옵소서.

오늘도 잃어버린 한 영혼을 찾아 길을 떠나시는
예수님의 이름으로 기도드립니다. 아멘.

목회자를 위한 기도

주님,

이 땅에 하나님께서 부르시고 세우신

존경하는 목회자들을 위해 기도합니다.

이름 없이 빛도 없이

주님께서 맡겨주신 영혼들을 한평생 섬겨온

존경하는 목회자들이 있습니다.

그리스도의 복음을 붙들고,

복음으로 영혼을 살리고 복음으로 영혼을 세우는 데

사력을 다하는 목회자들이 있습니다.

십자가의 복음이

우리의 다음세대에게 물려줄 최고의 유산이라 믿고

한결같이 그리스도의 복음을 외치는 목회자들이 있습니다.

가난과 고난에도 불구하고

주님 사랑하는 마음 때문에 멈추지 않고

목회의 자리를 지키는 목회자들이 있습니다.

자신이 겪은 상처보다 하나님을 떠난 성도로 인해

더 가슴 아파하는 목회자들이 있습니다.

평생을 수고했음에도 불구하고

머리 둘 곳조차 없는 목회자들이 있습니다.

그분들의 헌신과 수고와 희생이 없었다면

어떻게 한국 교회가 이렇게 세워질 수 있었겠습니까.

사랑하고 존경하는 이 땅의 목회자들을 위해 기도합니다.

주님, 목회의 길이 참 많이 외로운 길입니다.

때로는 믿었던 사람에게 상처를 받기도 하고

사역의 열매가 눈에 보이지 않을 때는

자신을 자책하며 자괴감에 빠질 때도 있습니다.

하나님의 부르심이 잘못된 것이 아닌가

소명이 흔들릴 때도 있습니다.

그러나 그때마다 연약한 우리를 통해 일하시는

주님을 기억하게 하시고,

눈에 보이는 것이 없을지라도

여전히 주님께서 일하고 계신다는 확신을 가지고

계속해서 믿음의 길을 걸어갈 수 있도록
우리 목사님의 두 손을 꼭 잡아주시옵소서.

주님, 우리 목사님이 행복하게 해주시옵소서.
복음이 주는 놀라운 영광과 기쁨을 마음껏 누리는
목사님이 되게 해주시옵소서.
하나님 안에서 온전한 만족을 얻으며
하나님을 기뻐하는 목사님이 되게 해주시옵소서.
날마다 감사가 넘치는 삶이 되게 하시고
그것이 하나님께 영광을 돌리는 삶임을 기억하는
우리 목사님이 되게 해주시옵소서.

사랑하는 주님,
우리 목사님이 유명한 목사님들과 자신을 비교하며
위축되지 않게 하시고
자신의 부족함과 연약함에도 불구하고
하나님께서 불러주시고 세워주셨다는
분명한 소명감을 가지고 자신 있게 사역하게 하시고
섬기는 영혼들을 바라볼 때
주님께서 맡기신 영혼이라는 사명감을 가지고
사역할 수 있도록 붙들어주시옵소서.

우리 목사님들이 너무 많은 사역으로

탈진하지 않도록 지켜주시고

교회가 목사님을 잘 배려해서

건강하게 사역할 수 있도록 도와주시옵소서.

주님,

목회의 여정에 참 많은 유혹이 있습니다.

하나님보다 돈을 더 의지하고

하나님께서 주신 기쁨보다 하나님 없는 쾌락을 즐기고

하나님께 인정받는 것보다 사람들이 알아주는 것에

더 목매게 하는 유혹이 있습니다.

우리 마음에 우상으로 자리잡은 모든 것으로부터

사랑하는 목사님을 지켜주시옵소서.

말씀과 기도 외에는 이 유혹을 이겨낼 방법이 없습니다.

주님, 사랑하는 목사님을 성령으로 지켜주시옵소서.

사랑하는 주님,

우리 목사님이 자기 비움과 내려놓음을 통해

하나님의 주권을 인정하고

사람들의 박수보다 영원을 사모하는

목사님이 되게 해주시옵소서.

사람들에게 존경받고 사랑받되
하나님의 인정을 추구하는 목사님이 되게 해주시옵소서.

사랑하는 목회자 가정을 위해 기도합니다.
목회의 뒤안길에서 그림자처럼
평생을 살아가신 사모님들이 있습니다.
외로움과 씨름하며 때로는 홀로 자녀를 키워내야 하는
힘든 시간을 보내고 있습니다.
경제적인 어려움뿐만 아니라 성도들이 던진 말로 인해
가슴을 쥐어뜯어야 하는 사모님들이 있습니다.
주님, 우리 사모님들을 긍휼히 여겨주시옵소서.
목사님이 사모님을 더욱더 사랑하게 해주시옵소서.
사역보다 사모님을 더 사랑하고
목회의 성공보다 사모님을 더 사랑하게 해주시옵소서.
설교를 준비하는 것보다 사모님을 더 사랑하고
자신의 편안함보다 사모님을 더 사랑하게 해주시옵소서.
사모님이 사랑받기 위해 태어났다는 것이
목사님의 사랑을 통해 삶으로 경험되게 해주시옵소서.
그러나 사모님보다 하나님을 더 사랑하는 목사님을 통해
사모님이 하나님을 경외하는 신앙이 될 수 있도록
주님 도와주시옵소서.

주님, 사랑하는 목회자 자녀들을 위해 기도합니다.

목회자의 자녀라는 이유로

어리광 한번 제대로 부려보지 못하고

작은 실수도 용납되지 않는 환경에서 자라난

목회자 자녀들이 있습니다.

사람들의 지나친 관심으로 인해

어린 시절을 잃어버린 목회자 자녀들이 있습니다.

잘해야 한다는 성도들의 시선 때문에

실수하면 안 된다는 마음 때문에

얼마나 가슴 졸이며 어린 시절을 보내고 있는지 모릅니다.

또 많은 목회자 자녀들이

아버지의 빈자리를 바라보며 자라야 했습니다.

성도들을 섬기느라 정작 자녀들을 돌보지 못해

깊은 상처를 안고 살아가는 자녀들이 있습니다.

주님,

사랑하는 목회자 자녀들을 긍휼히 여겨주시고

이 땅의 목회자 자녀들이 하나님을 인격적으로 만나

조건 없이 베푸신 하나님의 사랑을 경험하고

복음 안에서 건강하게 자라나게 해주시옵소서.

아버지를 존경하고, 아버지의 하나님을 사랑할 수 있도록

주님, 은혜를 베풀어주시옵소서.

주님,

우리 목사님이 오늘도 구원의 은혜로 가슴 뛰게 하시고

하나님의 부르심 앞에 설레는 하루가 되게 해주시옵소서.

영혼을 살리겠다는 절박함으로 강단에 서고

영혼을 살리겠다는 간절함으로 성도들을 만나는 목사님에게

성령의 기름을 부어주시옵소서.

우리에게 하나님나라의 복음을 가르쳐주고

그리스도의 제자로 살아가도록 도전해주는 목사님을

축복해주시옵소서.

끊임없이 주님을 닮아가는 목사님의 삶이

우리에게 얼마나 큰 도전이 되는지 모릅니다.

사역에 풍성한 열매를 허락하시되

결과에 집착하지 않게 해주시옵소서.

오늘도 복음에 미쳐 한 영혼 살리겠다고 몸부림치는

목사님을 주님께서 붙잡아 주시옵소서.

기도와 말씀을 통해 하나님을 만나는 시간보다

더 중요한 시간이 없습니다.

깊은 묵상과 사색으로 영적인 풍성함을 날마다 누리고

하나님의 일하심을 마음껏 드러내는

우리 목사님이 되게 해주시옵소서.

기도가 살아있고,

기도로 사역하는 우리 목사님을

주님, 축복해주시옵소서.

사랑하는 성도들에게

끊임없이 말씀과 기도를 강조하는 목사님에게

잘하고 있다고 주님께서 격려해주시옵소서.

오늘도 말씀 앞에 철저하게 자신의 삶을 직면하며

정직한 삶을 위해 몸부림치고

신뢰받는 목회자가 되기 위해 힘쓰는 목사님을

주님께서 붙들어주시옵소서.

아파하는 자들과 함께 아파하고

우는 자들과 함께 우는 목사님을 만난 것이

얼마나 큰 복인지 모릅니다.

영적인 부모의 마음으로 오늘도 바른길로 인도하는

목사님을 보내주셔서 감사합니다.

길을 잃은 영혼을 향해 사랑으로 찾아가는 목사님을

주님께서 붙들어주시고,

맡겨주신 영혼들을 위해 뜨거운 눈물로 기도하는

사랑하는 목사님을 성령으로 충만하게 해주시옵소서.

작은 일에도 정성을 다하는 목사님의 모습이
얼마나 큰 감동이고 도전이 되는지 모릅니다.
하나님 앞에 순수하고 순전했던 그 시절,
복음을 향한 열정으로 뜨거웠던 그 시절,
거룩을 향한 열망이 가득했던 그 시절이
다시 생각나게 하시고,
주님을 향한 첫사랑을 가슴에 품고
오늘 이 하루도 승리하게 해주시옵소서.

사랑하는 주님,
존경하는 목사님이 타락하지 않고
끝까지 쓰임 받을 수 있도록
겸손한 마음을 허락해주시고,
마음을 나눌 친구를 허락해주시옵소서.
무슨 일이 있어도
하나님의 영광을 탐내는 유혹에
넘어지지 않게 해주시옵소서.
겉을 화려하게 하는 것에는 둔감하고
속을 깨끗하게 하는 데에 힘쓰는
우리 목사님이 되게 해주시옵소서.

주님, 목회자 후보생들이 있습니다.
이들에게도 동일한 은혜를 부어주시고
끝까지 소명을 따라 살아가는 은혜를 주시옵소서.
존경받고 사랑받는 목회자로 세워지도록
주님께서 이들을 축복해주시옵소서.

주님, 제가 목회자를 위해 기도하기를 쉬는 죄를
범치 않겠습니다.
저희의 영적 아비인 목사님을 위해
더 많이 중보하겠습니다.

우리에게 사랑하고 존경하는 영적 리더를 보내주신
예수님의 이름으로 기도드립니다. 아멘.

선교사를 위한 기도

선교사를 위한 기도

주님,

사랑하는 선교사님을 잊고 지냈습니다.

선교사님들을 위해 기도하지 못했습니다.

바쁘다는 이유로

선교사님들이 오늘도 선교지에서

복음으로 애쓰고 있다는 것을 잊고 살았습니다.

주님,

선교사님을 위해 기도하지 못했던 죄를 회개합니다.

선교사님들을 잘 섬기지 못해 죄송합니다.

이 시간 사랑하는 마음으로

선교사님을 기억하며 기도합니다.

사랑하는 부모 형제를 뒤로하고

마음을 나누던 친구들을 이곳에 둔 채

홀로 먼 타지에서 언어도 다르고 문화도 다르고

기후도 맞지 않고 음식도 맞지 않는 곳에서

마음 나눌 친구 하나 없이 하나님의 나라를 위해

오늘도 눈물로 씨앗을 뿌리는 선교사님들이 있습니다.

시원한 김치찌개가 너무 그립고

어머니가 끓여주시던 된장찌개가

사무치게 그리울 때가 있습니다.

사랑하는 형제자매들과 함께

마음껏 소리 높여 찬양하던 그 시절이 생각나

눈시울이 붉어질 때가 있습니다.

하나님께서 부르신 것에 감사하면서도,

때로는 자신의 부족한 모습에 실망하고

깊은 상실감이 밀려와 마음이 흔들릴 때가 있습니다.

내가 잘하고 있는 것인가 의문이 들 때면

마음이 복잡해집니다.

나만 혼자 뒤처진 것같이 느껴질 때는

후회가 밀려오기도 합니다.

눈에 보이는 사역의 열매가 없을 때는

자책감에 잠을 이루지 못하기도 합니다.

주님, 사랑하는 선교사님들을 위해 기도합니다.

선교사님들에게 은혜와 긍휼을 베풀어주시옵소서.

하나님께서 보시기에 가장 아름답고 가장 영광스러운 삶이

바로 선교사의 삶임을 믿습니다.

이 놀라운 사실이 선교사님들에게

위로와 소망이 되게 해주시옵소서.

사람들은 알아주지 않을지라도

주님은 모든 것을 알고 계시며

사람들은 다 잊었을지라도

주님은 여전히 기억하고 계시다는 생생한 음성을

오늘도 들려주시옵소서.

세상 즐거움 다 버리고 세상 자랑 다 버리고

오직 한 분 주님 바라보며

순전한 마음으로 걸어가는 그 길을

주님, 축복해주시옵소서.

선교사님의 심령 위에 성령의 충만함을 주시옵소서.

부르심의 감격이 다시 회복되게 해주시옵소서.

쓰임 받는 기쁨이 회복되게 해주시옵소서.

주님께서 함께하신다는 믿음이 회복되게 해주시옵소서.

주님, 선교사님들의 마음을 만져주시옵소서.

깨어지고 어그러진 마음에 사랑의 기름을 부어주시옵소서.

자신을 버리고 내려놓은 그 삶 위에

주님의 사랑으로 가득 채워주시옵소서.

저들의 가난한 심령 위에 천국의 소망을 주시옵소서.

잘해야 한다는 사역적 압박감을 내려놓게 하시고

날마다 주님과 깊은 교제 가운데

하나님의 풍성한 사랑을 누리는 은혜를 주시옵소서.

특별히 여러 가지 핍박 가운데 있는

선교사님들이 있습니다.

털끝 하나 상하지 않도록

하늘의 천군 천사들을 통해 지키고 보호해주시옵소서.

도울 자를 붙여주시옵소서.

사탄의 공격이 심합니다.

낙담하게 하고, 좌절하게 하고, 자기 연민에 빠지게 하는

모든 어둠의 영들이 떠나가게 해주시옵소서.

선교사님을 통해 그 땅 가운데

하나님의 마음이 전해지게 해주시옵소서.

가장 아름다운 사랑, 변치 않는 사랑

하나님의 십자가 사랑이 전해지게 해주시옵소서.

땅끝에 선 모든 영혼이 주님 앞에 돌아오게 해주시옵소서.

마을이 변화되고 도시가 변화되고

나라가 변화되게 해주시옵소서.

희망이 보이지 않는 그곳에서

소망 되신 주님을 바라보게 하시고,

메마르고 가난한 그 땅 위에

성령의 단비를 부어주옵소서.

하나님의 교회를 세워주시옵소서.

고통 가운데 있는 그 땅의 눈물을 닦을 때마다

주님께서 선교사님들의 눈물을 닦아주시고

아름다운 하나님의 나라가

그 땅 가운데 임하게 해주시옵소서.

주님, 선교사님의 건강을 지켜주시옵소서.

풍토병에서 지켜주시옵소서.

향수병에서 지켜주시옵소서.

여러 가지 바이러스와 질병으로부터

주님께서 지켜주시옵소서.

모든 암으로부터 지켜주시옵소서.

선교사님의 가정과 자녀들을 위해 기도합니다.

고향에 두고 온 부모님과 가족들을 지켜주시옵소서.

가정의 모든 경제적인 필요를 채워주시옵소서.

가정에 평강이 넘치게 해주시옵소서.

선교사님의 사모님을 위로하시고

날마다 마음이 시원하게 해주시옵소서.

자녀들의 안전과 건강을 지켜주시고

자녀들의 교육 문제를 책임져 주시옵소서.

진로의 문을 열어주시옵소서.

정체성의 많은 혼란을 겪고 있는 자녀들에게

분명한 정체성을 가지고 살아갈 수 있도록

축복해주시옵소서.

하나님의 크신 사랑 안에서 건강하게 자라나도록

주님, 은혜를 베풀어주시옵소서.

오늘도 주님 홀로 영광 받으시고 놀랍게 역사해주시옵소서.

이천 년 전 이 땅에 선교사로 오신

예수님의 이름으로 기도드립니다. 아멘.

하나님의 뜻을 구하는 기도

하나님의 뜻

예수께서 이르시되

나의 양식은 나를 보내신 이의 뜻을 행하며

그의 일을 온전히 이루는 이것이니라 요 4:34

하나님의 뜻을 행할 때 살아있음을 느끼고,

하나님의 뜻이 이루어지는 것을 바라보며

배부르다 하신 예수님.

다른 어떤 것보다, 하나님의 뜻을 행하는 것이

예수님의 우선순위였음을 기억합니다.

마지막 십자가 지시기 전날,

그렇게 고통스러운 기도를 하시면서도

결국 자기 뜻을 내려놓고 아버지의 뜻을 구하신 예수님처럼

주님,

저도 하나님의 뜻을 구하는 삶,

하나님의 뜻을 이루는 삶이 되게 해주시옵소서.

나더러 주여 주여 하는 자마다

다 천국에 들어갈 것이 아니요

다만 하늘에 계신 내 아버지의 뜻대로

행하는 자라야 들어가리라 마 7:21

주님,

하나님의 나라는 하나님의 뜻이 이루어지는 곳입니다.

아버지의 뜻에 관심이 없으면서

어떻게 아버지의 나라에 살 수 있겠습니까.

주님, 저의 뜻이 이루어지는 것보다 하나님의 뜻이

이루어지는 것이 훨씬 더 좋다는 것을 압니다.

저를 통해 하나님의 뜻이 이뤄지게 해주시옵소서.

주님의 뜻이 저의 뜻이 되게 해주시옵소서.

이 세상도, 그 정욕도 지나가되

오직 하나님의 뜻을 행하는 자는 영원히 거하느니라

요일 2:17

주님, 세상에 참 좋은 것이 많습니다.

가지고 싶은 것도 많고, 하고 싶은 것도 많습니다.

그러나 이 모든 것은 잠시 피고 지는 풀의 꽃과 같습니다.

어린 시절 그렇게 갖고 싶었던 것들이

지금은 아무 의미 없어 쓰레기통에 버려지고

먼지가 쌓인 채 창고에 있는 것을 보게 됩니다.

주님, 시간이 지나도 변하지 않는 것은

하나님의 말씀입니다.

하나님의 뜻을 행하는 삶이야말로

영원을 위해 사는 것임을 기억합니다.

주님, 제 안에 영원을 사모하는 마음과

하나님의 뜻을 구하는 열망으로 가득합니다.

저를 통해 하나님의 뜻이 이루어지게 해주시옵소서.

너희는 이 세대를 본받지 말고

오직 마음을 새롭게 함으로 변화를 받아

하나님의 선하시고 기뻐하시고 온전하신 뜻이

무엇인지 분별하도록 하라 롬 12:2

주님, 세상 한복판에 살아가면서

세상의 가치를 따라 살지 않는 것이 쉽지 않습니다.

그러나 날마다 마음을 새롭게 하고 날마다 생각을 바로잡아
하나님의 선하신 뜻, 하나님께서 기뻐하시는 뜻,
하나님의 온전한 뜻이 무엇인지 생각하고
그 뜻을 따라 사는 삶이 되게 해주시옵소서.
그것이 제가 드려야 할 삶의 예배이고
하나님께서 기뻐하시는 영적인 예배임을 믿습니다.

항상 기뻐하라 쉬지 말고 기도하라 범사에 감사하라
이것이 그리스도 예수 안에서 너희를 향하신
하나님의 뜻이니라 살전 5:16-18

주님,
제가 늘 기뻐하며 사는 것이 하나님의 뜻이고,
제가 항상 기도하며 사는 것이 하나님의 바람이고,
제가 날마다 감사하며 사는 것이 하나님의 소원이라 하시니
감사합니다.
부모가 자식의 행복을 바라듯
늘 제가 행복하게 살기를 바라시는
하나님의 마음이 느껴지니 하나님이 더 좋습니다.
주님께서 제가 좋아할 일들을 때마다 예비해 두시고
언제나 제 기도에 귀 기울이시며

매일 매일 감사할 거리를 채워주시니
이보다 행복한 삶이 어디 있습니까.
제가 행복하기를 누구보다 원하시는 주님,
제가 기뻐할 때 하나님도 기뻐하신다 하시니
주님, 제가 항상 기뻐하겠습니다.
쉬지 않고 기도하겠습니다.
모든 일을 감사하는 마음으로 맞아들이겠습니다.

이와 같이 이 작은 자 중의 하나라도 잃는 것은
하늘에 계신 너희 아버지의 뜻이 아니니라 마 18:14

단 한 영혼도 잃어버리지 않는 것
잃어버린 한 영혼을 다시 찾는 것
이 악한 세대에서 우리를 건지시는 것
우리를 하나님의 자녀가 되게 하는 것
바로 영혼의 구원이
아버지의 가장 강력한 뜻임을 고백합니다.
주님, 주님의 그 뜻이 없었다면
제가 어찌 구원받을 수 있었겠습니까.

주님, 영혼을 살리는 삶을 살고 싶습니다.

한 영혼을 구원의 길로 인도하는
디딤돌 같은 삶을 살고 싶습니다.
절망과 두려움에 살아가는 가련한 인생을
그리스도의 복음으로 인도하게 하시고,
주님께서 베푸시는 풍성한 은혜를 누리며 살아가게 하는
이 영광스러운 삶이 저의 삶 되게 해주시옵소서.
한 영혼이 돌아오는 것을 보며 감격하고
한 영혼이 살아나는 것을 보며 기뻐하고
영혼 때문에 울고 영혼 때문에 웃는 삶이
되게 해주시옵소서.

나는 자비를 원하고 제사를 원하지 아니하노라 하신 뜻을
너희가 알았더라면 무죄한 자를 정죄하지 아니하였으리라
마 12:7

주님, 처음에는 순수한 마음으로 시작했는데
어느새 제가 열심을 내는 이유가
다른 사람보다 더 괜찮아 보이고 싶은 것이 되었습니다.
거기서 멈추지 않고
사람들을 판단하고 정죄하기까지 이르게 되었습니다.
주님, 이것은 하나님께서 기뻐하시는 경건이 아닙니다.

교만한 삶이고 하나님을 대적하는 삶입니다.

교만은 하나님의 원수가 되는 가장 빠른 지름길이오니

저 잘난 맛에 사는 삶이 아니라

하나님의 은혜가 아니면 단 한 순간도 살 수 없다고

고백하는 겸손한 삶이 되게 해주시옵소서.

하나님의 뜻은 보이는 것으로 사람을 판단하고

가진 것으로 사람을 대하는 것이 아니라

사람 그 자체를 소중히 여기고

자비가 필요한 자들에게 자비를 베푸는 것입니다.

주님, 사람을 정죄하고 판단하는 것이 아니라

긍휼히 여기고 불쌍히 여기며 자비를 베푸는 삶을

살게 해주시옵소서.

하나님의 뜻은 이것이니 너희의 거룩함이라

곧 음란을 버리고 살전 4:3

주님,

거룩을 이야기하면 웃음거리가 되고,

순결을 이야기하면 조롱거리가 됩니다.

구별된 삶을 살아가면 바보 취급을 받습니다.

그러나 주님, 저는 이 길을 걸어갈 것입니다.

아무리 가치관의 질서가 무너져도
거룩을 추구하는 삶을 살아가겠습니다.
이미 수없이 넘어졌을지라도
다시 일어나 거룩한 삶을 꿈꾸겠습니다.
이길 수 없는 싸움처럼 보여도 결코 포기하지 않겠습니다.

주님,
우리의 부모님이 거룩을 추구하며 살게 해주시옵소서.
우리의 자녀들이 거룩한 삶을 꿈꾸게 해주시옵소서.
우리의 공동체가 거룩의 가치를 붙들게 해주시옵소서.

선을 행함으로 고난받는 것이 하나님의 뜻일진대
악을 행함으로 고난받는 것보다 나으니라 벧전 3:17

주님,
선한 일을 하는 사람에게도 고난이 찾아오고
착하게 사는 사람에게도 나쁜 일이 일어날 수 있음을
기억합니다.
그러나 고난이 시험거리가 되지 않게 하시고,
나쁜 일들이 일어났다는 것 때문에
하나님의 뜻을 의심하지 않게 해주시옵소서.

고난이 있어도 선을 행하게 하시고,
어려움이 있어도 악한 자들과 타협하지 않는
믿음을 주시옵소서.
제가 손해 보는 것이 두려워
하나님의 자녀로 사는 것을 숨기지 않으며
불편하고 피곤해지는 것 때문에
적당히 타협하지 않게 해주시옵소서.
오히려 하나님의 뜻을 외면하는 삶을 사는 것이
저에게는 더 부끄러운 일입니다.

그러므로 이제 그리스도 예수 안에 있는 자에게는
결코 정죄함이 없나니 이는 그리스도 예수 안에 있는
생명의 성령의 법이 죄와 사망의 법에서 너를 해방하였음이라
롬 8:1,2

육신을 따르는 자는 육신의 일을,
영을 따르는 자는 영의 일을 생각하나니
육신의 생각은 사망이요 영의 생각은 생명과 평안이니라 롬 8:5,6

주님,
제 힘으로는 하나님의 뜻을 이루는 삶을 살 수 없습니다.

제 안에는 하나님의 뜻을 구하는 마음도 있지만
제 뜻을 이루고자 하는 생각들도 많습니다.
어떻게 하면 사람들에게 인정받을까
어떻게 하면 사람들이 좋아할까
이런 생각을 자주 합니다.
사람들의 말 한마디에 제 자존감이 왔다갔다하고
사람들의 평가에 저의 가치가 왔다갔다하는 삶을
이제는 멈추게 해주시옵소서.

하나님의 말씀을 따라 생각하고
하나님의 말씀으로 내면을 가득 채우고
하나님의 뜻이 저의 뜻이 될 때까지
날마다 성령께서 저의 생각을 주장해주시옵소서.
사람들의 말 한마디에 안개처럼 사라지는 평안이 아니라
어떤 상황에서도 흔들리지 않는 평안을
제게 허락해주시옵소서.
삶의 어떤 순간에도 하나님의 뜻을 이루는
성령의 사람이 되게 해주시옵소서.

작은 우리를 통해 크신 하나님의 뜻을 이루시는
예수님의 이름으로 기도드립니다. 아멘.

따라 하는 기도 2

초판 1쇄 발행	2021년 12월 27일
초판 18쇄 발행	2025년 4월 2일

지은이 장재기

펴낸이 여진구
책임편집 최현수
편집 이영주 박소영 구주은 안수경 김도연 김아진 정아혜
책임디자인 노지현 | 마영애 조은혜 정은혜
홍보 · 외서 진효지
마케팅 김상순 강성민   **마케팅지원** 최영배 정나영
제작 조영석 허병용   **경영지원** 김혜경 김경희

303비전성경암송학교 유니게 과정
이슬비전도학교 / 303비전성경암송학교 / 303비전꿈나무장학회

펴낸곳 규장

주소 06770 서울시 서초구 매헌로 16길 20(양재2동) 규장선교센터
전화 02)578-0003   팩스 02)578-7332
이메일 kyujang0691@gmail.com   홈페이지 www.kyujang.com
페이스북 facebook.com/kyujangbook   인스타그램 instagram.com/kyujang_com
카카오스토리 story.kakao.com/kyujangbook
등록일 1978.8.14. 제1-22

책값 뒤표지에 있습니다.
ISBN 979-11-6504-280-6 03230

규 | 장 | 수 | 칙

1. 기도로 기획하고 기도로 제작한다.
2. 오직 그리스도의 성품을 사모하는 독자가 원하고 필요로 하는 책만을 출판한다.
3. 한 활자 한 문장에 온 정성을 쏟는다.
4. 성실과 정확을 생명으로 삼고 일한다.
5. 긍정적이며 적극적인 신앙과 신행일치에의 안내자의 사명을 다한다.
6. 충고와 조언을 항상 감사로 경청한다.
7. 지상목표는 문서선교에 있다.

하나님을 사랑하는 자 곧 그의 뜻대로 부르심을 입은 자들에게는 모든 것이 合力하여 善을 이루느니라(롬 8:28)

Member of the
Evangelical Christian
Publishers Association

규장은 문서를 통해 복음전파와 신앙교육에 주력하는 국제적 출판사들의
협의체인 복음주의출판협회(E.C.P.A:Evangelical Christian Publishers
Association)의 출판정신에 동참하는 회원(Associate Member)입니다.